MW01288851

DE VIVIR

por

Orison Swett Marden

— 1913 —

I

EN BUSCA DE LA FELICIDAD

Por altos robledos y hiedrosas vides perseguí a la Felicidad con ansia de hacerla mía. Pero la Felicidad huyó y corrí tras ella por cuestas y cañadas, por campos y praderas, por valles y torrentes hasta escalar las ingentes cumbres donde chilla el águila. Crucé veloz tierras y mares; pero siempre la Felicidad esquivó mis pasos. Desfallecido y agotado, desistí de perseguirla y me puse a descansar en desierta playa. Un pobre me pidió de comer y otro limosna. Puse el pan y la moneda en sus huesudas palmas. Otro vino en demanda de simpatía y otro en súplica de consuelo. Compartí con cada menesteroso lo que de mejor tenía. Entonces he aquí que, en forma divina, se me aparece la dulce Felicidad y suavemente musita a mi oído, diciendo: "Soy tuya".

La felicidad es el destino del hombre. Todos apetecemos durables goces y placeres. Si nos preguntaran cuáles son nuestros tres más ardientes anhelos, la mayoría responderíamos: salud, riqueza y felicidad; pero si la pregunta se contrajese al supremo anhelo, la mayor parte lo cifraría en la felicidad.

Verdaderamente, todo ser humano anda en perpetua busca de la felicidad, pues aun sin darnos cuenta nos asalta este poderoso incentivo. Todos nos esforzamos en mejorar las condiciones de nuestra vida para vivir con algún mayor desahogo, creyendo que esto ha de darnos la felicidad. Poco a poco, procuramos emanciparnos de tareas ingratas y duras; pero aun cuando desde los albores de la historia haya ido la raza humana en busca de la felicidad, ¡cuán pocos la poseyeron y cuán menos supieron lo que es!

Quien fue en busca de la felicidad no la halló donde la buscaba: pues nadie puede hallarla si va en pos de ella, porque dimana de las acciones y no es producto de caza como las reses acosadas por los ojeadores.

Tan sencilla es la verdadera felicidad, que la mayor parte de las gentes no reparan en ella. Es hija de lo más humilde, tranquilo y modesto que en el mundo existe.

La felicidad no mora entre los ruines ideales de egoísmo, ociosidad y discordia. Por el contrario, es amiga de la armonía, de la verdad, belleza, cariño y sencillez. Multitud de hombres allegaron riquezas, pero a costa de su impotencia para disfrutarlas. Así solemos oír de algunos: "Tiene dinero y no le aprovecha".

Muchas gentes se afanan con tal ahínco en ser felices en este mundo, que causaron su propia miseria. La felicidad está precisamente donde no cuidamos de buscarla.

Quien con egoístas propósitos persigue la felicidad, no saboreará jamás la bendita satisfacción dimanante del deber cumplido. La felicidad esquiva los pasos de quienes egoístamente la solicitan, porque la felicidad y el egoísmo son incompatibles. Ningún hombre, por rico que sea, encontrará jamás la felicidad, si para él solo la apetece, pues el egoísmo no es ingrediente de las duraderas satisfacciones de la vida. A nadie puede satisfacerle una acción egoísta, porque con ella quebranta la ley de Dios. Interiormente nos despreciamos cuando cometemos una acción egoísta.

Quienes con mayor desinterés aprecian las cosas, disfrutan los más puros goces de la vida. La costumbre de estimar en todo su valor cada circunstancia de la vida, acrecienta prodigiosamente nuestra felicidad; pero muchas gentes son incapaces de ella, porque sólo estiman lo que halaga su comodidad, placeres y apetitos.

Nunca hallan lo que buscan las gentes que siempre están pensando en sí mismas y de continuo apetecen algo que satisfaga sus ansias egoístas. La felicidad es el sentimiento del bien, y sólo puede ser feliz quien se interesa por el bien del prójimo.

No puede haber mayor desilusión para un hombre, que no encontrar la felicidad después de consumir los mejores años de su vida y enfocar todas sus energías en la caza del dólar, sin atender a sus amigos ni a su individual mejora ni a nada de cuanto verdaderamente vale en la vida.

Si un hombre concentra toda su capacidad y convierte todas sus ocasiones a la ganancia de dinero, y descuida la educación de las facultades morales que puedan capacitarle para estimar la verdadera felicidad, no estará en su mano alterar los resultados del hábito cuando se retire de los negocios.

Si no mantenéis viva vuestra capacidad de estimar lo verdadero, lo bueno y lo bello, os sorprenderá veros como Darwin, que en mitad de su vida cayó en la cuenta de que había perdido la facultad de gozar en la literatura y la música.

Muchos hombres malogran su aptitud para la felicidad, mientras buscan los medios de poseerla. Aun los mismos criminales se imaginan que por el crimen han de mejorar de condición, que el robo ha de enriquecerles y el asesinato librarles de un enemigo de su dicha.

No puede ser feliz el hombre a quien le remuerden sus malas acciones. No cabe felicidad en quien acoge pensamientos de venganza, envidia, celos y odio. Si no tiene puro el corazón y limpia la conciencia, ningún estímulo ni riqueza alguna le darán verdadera felicidad. En cambio, felices fueron en muy adversas circunstancias los hombres conscientes de haber obrado con justicia, al paso que sin este sentimiento fueron muchos hombres infelices, a pesar de tener satisfechas todas sus necesidades materiales.

Fouquier Tinville, el fiscal del tribunal revolucionario durante el reinado del terror en Francia, se complacía en presenciar la ejecución del noble, del viejo, del valiente, del joven y de la hermosa. Le entristecía la absolución de un reo y le alegraba su condena. El suplicio de sus infortunadas víctimas era para él reposo de las fatigas del oficio, y exclamaba al presenciarlo: "Este espectáculo me divierte".

Hay quienes hallan placer en lo que les deprava y les avergüenza y repugna al día siguiente. En cambio, para otros no hay placer como el de auxiliar al desgraciado.

A menudo oímos decir a gentes que regresan del sitio a donde fueron a divertirse: "¡Qué bien hemos pasado el tiempo!" "¡Qué día tan feliz!" Así exclaman personas de toda condición social; pero no hay dos casos en que la palabra "feliz" signifique lo mismo, pues nada o muy poco significa cuando no se expresa la índole de felicidad.

Espontáneamente nos esforzamos en mejorar la suerte, en procurarnos alguna más comodidad, una posición más desahogada y feliz que la hasta entonces conseguida, pero la verdadera felicidad no consiste en la sobreexcitación del sistema nervioso ni tampoco dimana de comer, beber, oír y ver, ni de la satisfacción de los apetitos y deseos, sino que es fruto del noble esfuerzo y de la vida útil. Aquí y allá la libamos de una palabra cariñosa, de una acción magnánima, de un generoso impulso, de un auxilio eficaz. De ella arrancamos un trocito de cada pensamiento sano, de cada buena palabra o acción, sin que podamos encontrarla en ninguna otra parte. Se ha dicho que la felicidad es un mosaico compuesto de menudísimas piedrezuelas de escaso valor, pero que dispuestas en acertada combinación constituyen preciosísima joya.

Quien ande en busca de la felicidad, recuerde que doquiera vaya sólo encontrará la que consigo lleve. La felicidad no está jamás fuera de nosotros mismos ni tiene otros límites que los que nosotros mismos le señalamos. Nuestra aptitud para estimar y gozar determinará los límites de nuestra felicidad.

Nada hallaremos en el mundo si no está en nuestro interior. La felicidad dimana de la vigorosa y espontánea expresión de lo mejor de que somos capaces.

Nuestro error está en que buscamos la felicidad donde no existe: en lo transitorio y perecedero, en el halago de los apetitos y en los placeres bestiales. La felicidad dimana de dar y entregar, no de recibir y retener.

Jamás seréis felices atesorando riquezas, por valiosas que sean. Lo que el hombre es, no lo que tiene, labra su felicidad o su infortunio.

Siempre está hambriento el corazón humano; pero la infelicidad es el hambre de adquirir; la felicidad el hambre de dar. La felicidad ha de borrar todo tinte de tristeza.

Es la felicidad el premio de los servicios prestados al prójimo, del heroico esfuerzo en desempeñar nuestro papel y cumplir nuestro deber con el mundo. La felicidad deriva del deseo de ser útil, de mejorar el mundo de modo que pueda vivirse menos penosamente en él a causa de nuestros esfuerzos. Las menudas menciones, las agradables palabras, los ligeros pero oportunos auxilios, las leves finezas, los suaves estímulos, los deberes fielmente cumplidos, los servicios desinteresados, la amistad, el afecto y el amor, son cosas que, no obstante su sencillez, nos llevan muy cerca de encontrar y poseer la felicidad.

Entre los prejuicios dimanantes de la diferencia de razas, religiones y sectas, subyace la unidad de la vida, la esencial unidad que, si de ella tuviésemos conciencia, nos enseñaría que todos los hombres somos hijos del mismo Padre y necesariamente hemos de ser de la misma sangre, de la misma esencia, de una sola y universal fraternidad.

Dice Guillermo D. Howells:

Para mí no ha de ser la vida como una caza de la perpetuamente imposible felicidad personal, sino el anhelo de conseguir la felicidad de toda la familia humana. No hay otro éxito.

¡Ah! ¿Cuándo será la norma de todo hombre el bien de la humanidad, de modo que la paz se extienda como un lienzo de luz sobre la tierra y como una red a través del mar?

II

LA VIDA COTIDIANA

*Feliz quien puede llamar suyo el día en que vive y para sus
adentros piensa: mañana Dios dirá, porque ya viví hoy.*

— DRYDEN.

La tierra más querida es la en que se halla la alegría.

Si un habitante de cualquier otro planeta visitara los
Estados de la Unión Americana, tal vez creyera que las
gentes van de marcha para un muy ulterior destino y
están allí vivaqueando como en estación del viaje, sin
desembalar de su impedimenta más que lo
estrictamente necesario para una temporánea
detención.

El visitante encontraría muy pocas gentes satisfechas
de su cotidiana vida, pues echaría de ver que la mayor
parte tienen la vista puesta en algo más allá de hoy, en
algo que ha de sobrevenir mañana. No están estas
gentes definitivamente establecidas ni en verdad viven
en el hoy y en el ahora, sino que confían en vivir
mañana, el año que viene, cuando sus negocios
prosperen y se acreciente su fortuna y se muden a la
casa nueva con nuevos muebles y adquieran el nuevo
automóvil para desechar todo cuanto ahora les molesta

y rodearse de comodidades. Les parece que entonces serán felices, pues hoy no disfrutan verdaderamente.

Tenemos la vista tan enfocada en lo por venir, en alguna ulterior finalidad, que no echamos de ver las glorias y bellezas de nuestro alrededor. Enfocamos los ojos en las cosas lejanas y no en las cercanas. Tan acostumbrados estamos a vivir en los anticipos de nuestra fantasía, que debilitamos la facultad de disfrutar cotidianamente de la vida. Vivimos para mañana y cuando el mañana llegue seguirá habiendo otro mañana. Somos como niños en persecución del arco iris. ¡Qué delicia si pudiéramos atraparlo! Pasamos la vida traficando con el porvenir y construyendo castillos en el aire. Nunca creemos haber llegado; siempre esperamos que aún ha de llegar la época ideal de nuestra vida.

La mayoría estamos descontentos, inquietos y nerviosos y nos consideramos infelices. Hay en nuestros ojos una lejana mirada que denota cuán descontentos estamos de la vida cotidiana, pues no vivimos en la actualidad del día, sino que ocupa nuestras mentes algo más allá de lo presente.

Para la generalidad de los hombres; fuera mejor vivir en cualquier parte menos donde rectamente debieran vivir día por día. Muchos se transportan al pasado para recordar las favorables coyunturas que perdieron, las magníficas ocasiones que desaprovecharon; pero en este recuerdo malgastan el precioso presente, que hoy les parece de poca estima y que mañana justipreciarán en todo su valor.

¡Cuántas virtudes y cualidades echamos de ver en pesarosa retrospección una vez pasaron más allá de nuestro alcance! ¡Cuán brillantes oportunidades se nos representan, luego de desvanecidas! ¡Qué de cosas haríamos si se nos volviesen a deparar!

Muchas gentes malogran su dicha con el recuerdo de infortunados errores o amargas experiencias de un pasado infeliz. Para ser dichoso es necesario ahuyentar, borrar, sepultar y olvidar todo cuanto sea desagradable o despierte en nuestra memoria tristes recuerdos, pues nada pueden hacer estas cosas por nosotros, sino minar la vitalidad que necesitamos para la enmienda de nuestros errores y el reparo de nuestros infortunios.

En un Congreso de Agricultura le preguntaron a un viejo labrador qué terreno le parecía más a propósito para cierta especie de fruto, a lo que respondió diciendo: "No importa tanto el pedazo de tierra como el pedazo de hombre". En efecto, el labrador entendido en su arte saca provecho del suelo pobre, mientras que el labrador desmañado vive con penuria en el más fértil terreno.

La felicidad no tanto depende de las circunstancias favorables, como de la actitud de nuestra mente. No basta entresacar la felicidad de condiciones ideales, porque así lo hace cualquiera; sólo el alma equilibrada y dueña de sí misma será capaz de hallar la felicidad en el más inhospitalario ambiente. Hay que llevar consigo la felicidad, so pena de no hallarla en ninguna parte.

Nuestra desazón proviene de que confiamos demasiado en lo extraordinario e insólito y desdeñamos las ordinarias flores del sendero de la vida, en cuyo perfume podríamos aspirar consuelos y deleites.

Muchas gentes que honradamente se esfuerzan en cumplir lo mejor posible sus deberes, difícilmente advierten cuán hacedero les fuera encontrar la felicidad en las monótonas y prosaicas profesiones a que por necesidad están sujetos. Excelente lección les darían a estas gentes las abejas, que, sin perder instante del día, liban la miel en flores ponzoñosas y malezas que, a nuestro parecer, no sirven para nada bueno.

Si alguna vez somos felices, será porque de nuestro ambiente habremos entresacado la felicidad, no obstante sus vejatorias condiciones de inquietud y desaliento.

No conoce el gran secreto de la vida quien no sabe forjarse por sí mismo la felicidad en el trabajo cotidiano, con todas sus pruebas, contrariedades, obstáculos, molestias y contratiempos. De esta órbita de cotidianos deberes, de la violenta y torcedora contienda de la vida diaria, de la discrepancia de opiniones y actitudes de este cicatero mundo de las compraventas, hemos de libar la miel de la vida, como la abeja extrae dulzuras de toda especie de flores y malezas.

Lleno está el mundo de inexplotadas minas de felicidad. Doquiera vayamos encontraremos variedad de materiales de los que, si supiéramos elaborarlos, extraeríamos la felicidad. "Todas las cosas tienen su valor, con tal que acertemos a estimarlas en lo que valen. Media felicidad está en las cosas menudas que tomamos al paso."

Los hombres que en el mundo se mueven han de ser parte del mundo y actuar en la vida de ahora y sentir las punzadas de la civilización mientras se está representando el gran drama humano.

¿No advertís que precisamente estáis ahora en aquella época de vuestra vida que tan rosada y radiante de promesas vislumbrabais en vuestra niñez y juventud? ¿No echáis de ver, en los corrientes días y semanas, aquella irisada representación del porvenir que embeleso vuestra juvenil fantasía, como el espejismo alucina en el desierto al fatigado caminante? ¿Nunca os habéis detenido a considerar que el tiempo que ahora desperdiciáis es el mismo que mirado un día desde lejos tan precioso os pareciera; que los momentos ahora tan escurridizos en vuestras manos son los mismos que prometisteis no soltar hasta arrancarles todo su provecho?

¿Por qué os parece ahora árido desierto el mismo paraje que, mirado con el telescopio del porvenir, os parecía paraíso? Porque vuestra vista anda extraviada y a vuestro alrededor miráis desde un punto falso. Estáis descontentos y desalentados y sois infelices porque no encontráis, como dice la fábula, el talego de oro al pie del arco iris; y entretanto desperdiciáis en inútiles lamentos el tiempo que, debidamente empleado, convertiría el para vosotros ahora desierto en el paraíso de vuestros ensueños juveniles.

Os imagináis que al llegar a las doradas tierras del porvenir van a caer los frutos en vuestro regazo sin labrar el suelo ni plantar y regar la semilla. Os figuráis que cosecharéis donde no sembrasteis. Estáis todavía mirando hacia adelante y corréis tras un espejismo. Algún día despertaréis para advertir, quizá demasiado tarde, que nada hay en la virilidad cuyo precio no se haya pagado en la juventud.

No podemos substraer nuestra vida del tiempo. ¿Cómo somos tan insensatos malgastando el tiempo, especialmente en la juventud, cuando nos esforzamos en trepar al árbol de la vida? Ni una hora desperdiciada podemos eliminar de la duración de nuestra existencia, y si no aprovechamos el tiempo, no acertaremos a mejorar nuestra vida.

¡Cuán pocos advierten la paridad entre el tiempo y su vida! Les parece a muchos que pueden desperdiciar el tiempo en todo linaje de locuras y disipaciones sin menoscabo de su vida, que, no obstante, es inseparable del tiempo. Considerad que cuando perdéis un día, o cuando, todavía muchísimo peor, lo desperdiciáis en placeres que desmoralizan y deterioran vuestro carácter con hábitos viciosos, echáis a perder con ello parte de vuestra vida, de modo que al llegar a viejos daríais cualquier cosa por recobrar el tiempo tan lastimosamente malgastado.

Sólo hay un medio de vivir con positiva eficacia: levantarse cada mañana firmemente resuelto a obtener el mayor provecho posible de aquel día y vivir durante todo él cumplidamente. Suceda o deje de suceder lo que quiera, que sobrevenga o no tal o cual cosa, resolvámonos a derivar algo bueno de cada experiencia de aquel día, algo que acreciente nuestro saber y que nos enseñe la manera de que al día siguiente sean menos nuestros errores. Digámonos: "Hoy comienzo nueva vida. Olvidaré cuanto en el pasado me causó pena, pesar o desgracia".

La naturaleza es admirablemente cariñosa con nosotros. Es un médico insigne que derrama en nuestras heridas el salutífero bálsamo de Gilead y de maravilloso modo cura nuestras dolencias mentales. Si no fuera por esta gran potencia curativa de la naturaleza, el mundo sería demasiado triste, porque pocos son los que no han llegado a muy cerca de las aflicciones de la muerte.

Resolvámonos cada mañana a obtener el mayor provecho de aquel día, no de otro día por venir en que pensamos mejorar de suerte o formar una familia o que se hayan hecho hombres nuestros hijos y estén vencidas todas las dificultades. Nunca las venceremos todas. Nunca seremos capaces de eliminar por completo cuanto nos molesta y conturba. Nunca nos desharemos de todos los menudos enemigos de nuestra felicidad, de las mil y una ínfimas molestias de la vida; pero, en cambio, podemos disponer de la mayor parte de las cosas según son.

De no atender al día de hoy provienen la miseria, flaqueza, desconsuelo e ineficacia de nuestras vidas, pues no concentramos nuestra energía, anhelo y entusiasmo en el día en que vivimos.

Resolvámonos a disfrutar del día de hoy. Aprovechémonos del hoy sin permitir que las horribles sombras del mañana, con sus presagios y temores, nos roben lo que hoy es nuestro, el inalienable derecho a ser felices en el día de hoy.

Tengamos cada mañana un cordial soliloquio, y digámonos: "Pase lo que pase, quiero obtener el mejor partido posible de este día. No he de permitir que nada me robe la felicidad ni vulnere mi derecho a vivir este día desde el principio al fin.

"Suceda lo que quiera, no toleraré que ningún disgusto, ninguna eventualidad ni circunstancia alguna que se atraviese hoy en mi camino, me roben el sosiego de la mente.

"No seré hoy infeliz, suceda lo que quiera. Voy a gozar plenamente del día y a vivir cumplidamente en él. Este día ha de ser un día completo en mi vida. Tan sólo pensamientos de felicidad y gozo; únicamente los amigos de mi paz, satisfacción, dicha y éxito, hallarán hospedaje hoy en mi alma. Todo cuanto me hizo desgraciado e infeliz lo eliminaré, de modo que al llegar la noche pueda decir: he vivido hoy."

Un tan puro y optimista comienzo de cada día revolucionará rápidamente nuestro concepto de la vida y acrecentará enormemente nuestras fuerzas. Todo consiste en dominar el cerebro, en trazar nuevos surcos mentales en el blando tejido cerebral para abrir camino a nuevos hábitos de felicidad.

¿Por qué recordar viejos errores y arrepentirnos de no haber sabido aprovechar las ocasiones de prosperidad o lamentarnos de cosas que nos perjudicaron? ¿No acrecentamos así nuestra desdicha?

Quien siempre está reconviniéndose y deplorando su pasado y lamentándose de errores, extravíos y deslices en otro tiempo cometidos, nunca podrá realizar nada de verdadera valía, pues el éxito, en cualquier modalidad de la vida, requiere el acopio de las más minúsculas dinas de energía, y en verdad que no será capaz de enfocar la mente en el instante actual con el vigor necesario para cumplir una acción, quien piense y viva en el pasado.

Todo átomo de energía gastado en lo que ya no tiene remedio, no sólo se desperdicia, sino que dificulta los éxitos futuros que podrían reparar nuestros desdichados errores. Olvidad los infortunios, por mucho que os hayan herido y humillado; limpiad de errores vuestra mente y determinaos a mejorar de conducta en adelante.

Nada más insensato y pernicioso que mancillar y corromper la labor del día con los cascarones del pasado, con las horribles imágenes, locas acciones y desdichadas experiencias del ayer. Hay muchísimas gentes hasta ahora fracasadas, que obrarían maravillas en el porvenir con sólo olvidar el pasado, cerrarle la puerta para siempre y empezar de nuevo.

Por muy feliz que haya sido vuestro pasado, olvidadlo; pues si ha de ensombreceros el presente o ha de causaros melancolía y desaliento, no hay la más leve razón para retenerlo en la memoria y, en cambio, hay mil razones para sepultarlo tan hondo, que no resucite jamás.

Una de las más necias y estériles tareas en que el hombre se pueda empeñar, es en alterar lo inalterable. La naturaleza humana es muy propensa a situar en el porvenir la dicha de la vida. Perfecta es ahora nuestra íntima naturaleza; y si en vez de esperar del porvenir cuanto de bueno anhelamos nos aplicáramos a lograrlo en el presente, adelantaríamos a rápidos pasos.

Cuando los hijos de Israel caminaban por el desierto, recibían diariamente maná fresco de que alimentarse; pero, desconfiados algunos de que el Señor les proporcionara cada día el sustento, quisieron guardar parte del maná para el siguiente, y lo encontraron corrompido. Esto les sirvió a los israelitas de lección de fe, pues no podían guardar el maná para el día siguiente, sino confiar en que Dios les proporcionaría el cotidiano sustento. La felicidad es como el maná; hemos de tomarla nuevamente cada día de nuestra vida.

Muchas cosas hay, entre ellas los impulsos generosos, que son mejores para hoy que para mañana. ¡Cuántos difieren la expresión de su ternura y las pruebas de su amor hasta que muere la persona a quien hubieran debido prodigarlas; y cuando ya no la tienen ante su vista, tratan de expiar las negligencias del pasado con lágrimas y flores en las exequias!

Hoy es el día en que ha de brotar de vuestros labios la palabra amable y en que habéis de obedecer los generosos impulsos de vuestro corazón. Aquellos que ocupan vuestro pensamiento y a quienes prometisteis ayudar alguna vez necesitan ahora vuestra ayuda, y más fácilmente se la podéis prestar ahora que en otra ocasión. Todo mañana tiene, además de sus propios cuidados y deberes, los que ayer negligenciamos; pero sus ocasiones y posibilidades no serán mayores que lo que fueron las de ayer.

¿Cómo imaginas que has de realizar mañana admirables cosas cuando tan vulgar y falto de oportunidades te parece el día de hoy?

¿Por qué disputas el hoy por prosaico y por tan rosado y poético el mañana? ¿Qué razón tienes para pensar, que has de ser idealmente feliz, generoso y servicial en una indefinida época del porvenir, cuando tan irascible, egoísta, sórdido e infeliz eres hoy? ¿Cómo esperas tener más adelante tiempo de sobra para atender a tus amigos, consolar a los afligidos, visitar a los enfermos, mejorarte a ti mismo y dilatar el campo de tu mente, cuando dices que hoy no puedes ocuparte en estas cosas? ¿Qué hay en mañana capaz de operar tan mágico progreso respecto de hoy? ¿Por qué te parece que mañana has de ser generoso, si hoy eres mezquino y ruin? ¿Cómo crees que algún día echarás mano de cuantas cosas te sobran en casa, para enviárselas a quienes verdaderamente las necesiten? Si no lo hiciste antes de ahora ¿porqué te engañas pensando que lo has de hacer después de ahora? ¡Cuántos hay que, no por avaricia, sino por evidente ignorancia e inadvertencia de las necesidades ajenas, guardan en el desván o en los sótanos objetos que pudieran servir a algún joven o doncella pobres para abrirse camino en la vida! Subid hoy mismo al desván, registrad vuestros muebles, removed la casa entera y encontraréis muchas cosas de que libremente podéis disponer para proporcionar comodidad y dicha a otros menos afortunados que vosotros.

Tomad de vuestro ropero las prendas que ya no habéis de llevar y que harían muy buen servicio a algún necesitado. No guardéis estas prendas hasta que se echen a perder en espera de que algún día las hayáis de aprovechar, sino dejad que sirvan ahora y dadlas hoy mismo. Ya os sirvieron a vosotros. Que sean mensajeras de cariño y pruebas de la amorosa memoria que de los demás tenéis.

No seáis egoístas, y menos con las cosas de que podáis prescindir. No las atesoréis creídos de que las necesitaréis más tarde. Mayor satisfacción lograréis dándolas, que reteniéndolas en previsión de contingencias que no han de sobrevenir. Con la dádiva enterneceréis vuestro corazón y abriréis un poco más la puerta de vuestra generosidad.

Sin duda habrá en vuestra biblioteca o tendréis por casa libros que no leéis hace años ni leeréis en lo sucesivo, y sin embargo, serían de inestimable valor para los niños que con ásperas dificultades prosiguen su educación. Dádselos hoy mismo. Cuando más deis, mayor será vuestro gozo. La tacañería sofoca la dicha; la liberalidad la intensifica. No hace mucho me hablaba una señora, muy fina e instruida, de los agobios que le costó su educación musical, pues era tan pobre, que por mucho tiempo no pudo alquilar piano, y para el estudio se valía de un teclado que dibujó sobre una hoja de papel obscuro. Mientras luchaba con estas dificultades, la convidaron a comer en casa de una familia acomodada, y al levantarse de la mesa, le enseñaron toda la casa, desde la cocina al desván. Allí vio arrinconado un piano viejo, por cuya posesión hubiese dado ella cuanto tuviera en el mundo y gustosa caminara largo trecho cada día si le permitieran estudiar en él. No se fijó la convidada en la suntuosidad del convite, ni en la elegancia de los muebles, ni en la belleza de los cuadros, ni en ninguna otra ostentación del lujo que llenaba toda la casa, pues únicamente le robaba los sentidos el viejo piano arrinconado en el desván, que le hubiera abierto las puertas del paraíso, y sin embargo, no se atrevió a pedirlo.

En todos los países hay centenares de muchachas anhelosas de educación musical, que no pueden disponer de piano. ¿Por qué no dar el que no os sirva a quienes por tenerlo suspiran?

Nadie es tan pobre que no pueda dar algo con que enriquecer al prójimo. El que acopia riquezas para acrecentar su caudal, es como el hombre que dijo:

«Precaveré mi trigo de pájaros y ratones y ni el surco ni el molino lo tendrán. ¡Cuán locos son los que a puñados lo echan en la tierra!» Por el contrario, ¡dad! ¡dad! ¡dad! ¡ahora! ¡dad HOY! Ayudaos a vosotros mismos para ser, según transcurran los años, más generosos, más desinteresados y más útiles a la humanidad.

Muchos hombres difieren su felicidad hasta que sean ricos; pero al cabo encuentran podrido el maná que debieron comer al recibirlo. Ni la felicidad ni las buenas acciones consienten demora.

Todos debemos comenzar la cotidiana labor con el tácito convencimiento de que, suceda lo que quiera y salgamos o no airosos de nuestros particulares empeños, hemos de ser felices en cada instante del día, sin permitir que nada nos arrebate nuestro derecho al goce de la vida diaria. Hemos de resolvernos a que ni accidente ni incidente ni condición alguna, por puros que sean, interrumpan el natural flujo de nuestro bienestar y felicidad.

Recordad que el ayer ha muerto y que el mañana no ha nacido todavía. Tan sólo es nuestro el momento presente. Los sesenta minutos de una hora pueden compararse a las flores efímeras que viven sesenta segundos y mueren. Para aprovecharnos ahora del bien que nos pertenece, hemos de extraer el dulce jugo de cada instante que transcurra mientras sea nuestro. Tal es el verdadero goce de la vida cotidiana: trabajar y gozar en el trabajo aprovechando el momento presente, que es el único de que disponemos.

III

LA EDUCACIÓN

PLACENTERA

Si de mí dependiese, haría como el filósofo que adornó su escuela con las imágenes de la Alegría y el Gozo, de Flora y las Gracias.

— MONTAIGNE.

Ya viejo, reconocía Oliverio Wendell Holmes la deuda de gratitud contraída con su aya, que desde niño le había enseñado a no preocuparse de los incidentes desagradables. Cuando se lastimaba el pie, se desollaba la rodilla o se aplastaba las narices, no le consentía nunca su aya parar mientes en el daño recibido, sino que le llamaba la atención hacia un lindo objeto, le contaba un bonito cuento o le recordaba algún suceso agradable. Por ello aseguraba Wendell que a su aya le debía, en gran parte, el refulgor de una larga vida. Estas lecciones se aprenden fácilmente en la infancia, pero rara vez las recordamos en la virilidad y nunca en la vejez.

Dice otro autor:

Cuando en mi infancia me hacía un corte en el dedo, me consolaban mis padres diciéndome que peor hubiera sido cortarme el brazo, y cuando me entraba una chispa en el ojo, me decían que un primo mío se había quedado tuerto a causa de un accidente.

Y añade a este propósito John Lubbock:

Me parece que el mundo sería mejor y más hermoso, si nuestros maestros nos hablaran del deber de la felicidad, al mismo tiempo que de la felicidad del deber.

Preciso es enseñar al niño a combatir todos los enemigos de su felicidad, tales como el temor, el tedio, la ansiedad, los celos, la envidia y el egoísmo. Hemos de enseñarle que el hábito de alimentar pensamientos de odio, venganza y envidia transmuta rápidamente en repulsivo un carácter amable, y en agrio el dulce, porque no es posible mantener benévola disposición de ánimo, mientras acariciemos pensamientos malévolos.

Los maestros del porvenir conocerán la estructura cerebral con los medios de prevenir y remediar la debilidad, el prejuicio, la unilateración, las monomanías y las idiosincrasias, y sabrán neutralizar los enemigos de la felicidad y el éxito, convirtiendo en fuerza la flaqueza y salvando los obstáculos que hoy entorpecen tantas vidas.

Tengo entendido que el doctor Pablo Valentine ha fundado en Londres una escuela de felicidad, y ciertamente que nada tan necesario en este mundo como la educación de las gentes, y sobre todo de los jóvenes, en el arte de la felicidad, que todo ser humano debiera conocer. Pero ¡cuán horribles chapucerías hacemos en este arte!

Si la educación de los niños estuviese debidamente orientada, les fuera tan fácil ser felices como infelices ahora; porque lo mismo cuesta encaminar la mente de un niño hacia la felicidad, enseñarle a mirar el lado refulgente de la vida, que inclinarle hacia el lado sombrío y melancólico.

Tiempo llegará en que, desde la cuna al sepulcro, se fomenten en el hombre hábitos de felicidad, pues tan bien educada estará su mente, que la felicidad no le costará ni más ni menos que el aliento. Nadie diputará entonces la felicidad por algo insólito y extraño, sino como uno de los principales objetos de la vida, porque entraña todo nuestro individual bienestar. En lo por venir aprenderán los niños que su eficacia, su éxito, su longevidad, su influencia y poderío han de depender principalmente de su equilibrio mental.

Los futuros padres sabrán encauzar la voluntad de sus hijos mediante el robustecimiento de las facultades débiles y el desarrollo de las deficientes, de modo que de su armónica ponderación derive la felicidad, como el ajustado cronómetro señala la hora exacta. Nuestro primer deber con el niño es enseñarle a explayar su congénita alegría y natural gozo, con la misma libertad y abandono con que el canto de la alondra alegra la pradera. Reprimir la natural inclinación del niño al juego, equivale a sofocar sus facultades morales y mentales. El gozo acabará por huir del corazón del niño si continuamente lo reprimimos. No presumen las madres el daño que causan a sus hijos cuando sin cesar les amonestan para que no hagan esto o lo otro y les prohíben reír o armar barullo, hasta convertirlos en hombrecitos y mujercitas con pérdida de su infantil ingenuidad. Por el contrario, los niños han de verse libres de ansiosos cuidados, reflexivos pensamientos y afectos subjetivos. Su vida debe ser luminosa, brillante, animosa, placentera, henchida de fulgor, gozo y alegría, y hemos de estimularlos a reír y jugar, de suerte que rebose de júbilo su corazón. Las graves preocupaciones de la vida sobrevendrán muy rápidamente, para que no procuremos prolongar todo lo posible la niñez. Por doquiera vemos rostros tristes y melancólicos, sin ningún indicio de alegría ni muestra alguna de gozo. La niñez triste es una de las principales causas de la vejez prematura. La juventud debe correr pareja con el tiempo, porque si no, se seca, envara y apergamina. Precisamente los zumos de la juventud, el júbilo y alegría transfundidos de la niñez a la virilidad, adulcigan la vejez.

Dice un insigne escritor que poco cabe esperar de la niñez sin regocijo, pues los árboles sin flor nunca dan fruto.

El juego es tan necesario al crecimiento del niño, como la luz solar al de la planta. La niñez sin yemas ni flores o con deficiente explaye de sus pétalos, dará frutos ásperos, desmedrados y desabridos. La necesidad del juego en la niñez está demostrada por la vigorosa inclinación al mismo que se advierte en toda vida joven, incluso las del reino animal. La niñez feliz es preparación indispensable de la feliz virilidad. La índole de la mente, las propensiones del ánimo, el carácter, en suma, queda definido en la niñez. Los hábitos tempranos de amabilidad y placidez influyen poderosamente en la madurez del hombre y en el ejercicio de su profesión.

El niño educado para la felicidad a quien se le permitió explayar libremente su júbilo, no manifestará tétricas disposiciones de ánimo. Muchas de las morbosidades mentales que vemos por doquiera, dimanaron de una niñez árida e inflexible.

La imperiosa inclinación del niño por el juego demuestra una honda necesidad natural, que si la dejamos insatisfecha abrirá un vacío en su vida.

Una niñez feliz, gozosa y radiante es para el hombre lo que el abundoso suelo y el refulgente sol para la planta. En condiciones desfavorables, el vástago se desmedra y empobrece, sin que más tarde sea posible remediar estos males en el árbol. O se le ha de poner en favorables condiciones al plantarlo, o no esperemos verlo jamás en ellas. Ahora o nunca. Lo mismo sucede con la planta humana. Una niñez empobrecida, opresa y desmedrada empequeñece al hombre. Un ambiente gozoso, feliz y placentero actualiza potencias y proporciona recursos y posibilidades que permanecen latentes en fría, pesada y sofocante atmósfera.

Doquiera vemos personas descontentas e infelices porque no se explayaron en la niñez; y al endurecerse la arcilla, no pudo acomodarse a un más dilatado ambiente. ¿Puede darse algo más lamentable en esta alegre y gloriosa tierra que el espectáculo de un niño tedioso, de semblante triste, un capullo humano marchito antes de romper su clausura?

Alguien tiene la culpa y es responsable de esta ruptura de promesas, de este desvanecimiento de esperanzas, de esta sofocación de posibilidades.

La infancia ha de estar radiantemente asoleada. Las nubes no sientan bien a la niñez. El gozo, la belleza, la exuberancia, el entusiasmo, la impetuosidad son su patrimonio. Un niño triste, aburrido, un niño sin niñez, es una desgracia para la civilización.

Dejad que los niños den esparcimiento a todo cuanto de gozoso y feliz haya en su naturaleza y seguramente fructificarán en hombres de temperamento valeroso, en vez de languidecer en pasivas y melancólicas naturalezas. La espontaneidad de las energías corporales es factor no desdeñable en la educación individual. Los niños a quienes se les estimule su inclinación al esparcimiento serán más valiosos hombres en la profesión que ejerzan, en el negocio a que se apliquen y en todas las modalidades de la vida. Tendrán mayor éxito y más eficaz influencia en el mundo que aquellos a quienes se les oprima.

Muchas gentes diputan por indecoroso el dar plena expansión a sus ansias de esparcimiento y se figuran que han de ser reflexivos, graves, circunspectos y severos para que les tengan por hombres de peso y no por frívolos y casquivanos; y así vemos quienes van temerosos de risas, donaires y agudezas. ¡Oh! y cuán satisfactorio es el temprano cultivo de las delicadas cualidades del alma, para desenvolver los más puros sentimientos y vigorizar la potencia del juicio crítico. Quien tal educación reciba poetizará la más prosaica vida, iluminará el más tenebroso hogar y hallará gracia y belleza en el más repulsivo ambiente.

Casi no tienen límites las posibilidades de embellecer la vida y ennoblecer la individualidad por la educación de las más placenteras cualidades en la infancia.

Si enseñáramos a los niños la filosofía del júbilo, habría muchísimos menos desdichados, enfermos y criminales. Nos parece muy necesario ejercitar las facultades intelectuales, y desdeñamos por incompatible con lo que llamamos práctica de la vida el ejercicio de las facultades afectivas. Sin embargo, en la educación del niño no hay elemento tan necesario como la formación de hábitos joviales, pues la más conveniente preparación a la vida es el desenvolvimiento de las luminosas y placenteras cualidades para el bien y la alegría.

IV

EL ARTE DE BIEN VIVIR

Quien es su propio rey, vibra alegremente el centro de sí mismo, sin envidiar la gloria de los reyes de la tierra.

— SIR TOMÁS BROWN.

¿No es extraño que cuando debiéramos ser profesionales de la vida, la mayoría de nosotros seamos únicamente aficionados a este arte por excelencia? Nunca aprendemos el oficio de bien vivir ni llegamos a ser expertos en él, aunque de él depende la dicha o infortunio de la vida, por mucho que nos especialicemos en nuestra profesión, empleo o negocio habitual. Apenas si conocemos algo de la máquina humana que encierra todo el secreto de nuestro éxito y nuestra felicidad. Atendemos menos a nuestro cuerpo que a las máquinas industriales. La máquina humana es el único medio de que mente y alma disponen para relacionarse con el mundo exterior; y por lo tanto, debemos mantener en la más espléndida condición este admirable mecanismo, este hermoso templo, porque cuanto lo mancille mancillará también la manifestación del alma.

Los vigentes regímenes de educación lo enseñan casi todo, menos lo que debiéramos conocer mejor: el arte de bien vivir. Las escuelas y colegios enseñan muchísimas cosas sin utilidad alguna en la vida real; pero ni una palabra inculcan acerca del maravilloso mecanismo humano.

Podrá saber el joven una porción de lenguas muertas, que no ha de hablar nunca, y no poco de geografía, historia, política, filosofía y sociología; pero nada práctico le enseñaron acerca de la máquina humana, del admirable mecanismo mil veces más delicado, de ajustes infinitamente más exactos y necesitado de más cuidadosa atención que todos los mecanismos del mundo.

¿Qué diríamos del hombre que para viajar con su familia comprara un muy costoso y elegante automóvil y pusiera el volante en manos de quien en su vida hubiera visto un vehículo de esta clase ni supiera nada de su artificio? ¿El motorista experto ha de saber montar y desmontar todas las piezas de un automóvil, conociendo la función de cada una de ellas respecto del conjunto, pues de su conocimiento, habilidad y pericia dependen preciosas existencias? Pero ¿qué sabe la generalidad de las gentes de esta maravillosa máquina humana de tan delicado ajuste que cada una del billón de sus células componentes queda modificada por la actitud mental? Quien acierte a bien vivir no entorpecerá el regular funcionamiento de la máquina humana ni disminuirá su máximo rendimiento con su licenciosa conducta. No querrá quedarse estropeado por haber consumido sus delicadas células nerviosas en el fuego de la ira con sacudidas de odio, envidia, temor o tedio. Por el contrario, protegerá este maravilloso, delicado y sensitivo mecanismo, de su muchedumbre de enemigos físicos y mentales.

Lástima que las gentes ignoren la ciencia de la mecánica humana, el arte de cuidar la máquina corporal de modo que, con el menor desgaste funcione lo mejor posible y todo cuanto halle en el ambiente le sirva de material para la gran obra maestra de la vida.

La mejor locomotora no llega a transmutar en fuerza impulsiva el veinte por ciento de la potencia del combustible y no muy gran porcentaje transforman las dínamos en energía eléctrica. La máquina humana, aun en las más desfavorables condiciones, no rinde más que un exiguo tanto por ciento de la potencial energía psíquica; pero sabiamente manejada, fuera capaz de rendir relativa felicidad y grato bienestar.

¡Cuán pocas gentes son felices! Y sin embargo, todo ser humano se esfuerza en ser feliz y realmente necesita serlo; pero no lo es porque tiene descompuesta la máquina.

Consideremos que el agotamiento nervioso proviene de abusar del mecanismo humano de modo que contra nuestra voluntad apenamos a las personas queridas con arrebatos de cólera, turbamos la paz del hogar con nuestras intemperancias nerviosas y ofendemos a las gentes con nuestros denuestos, porque las células nerviosas están emponzoñadas. El sistema nervioso manifiesta discordancia, cuando su natural función es manifestar armonía, sencillamente porque no está bien ajustado y/o funciona trabajosamente, necesitado de tranquilo sueño que lo restaure y refrigere. De todo son responsables el tedio, la ansiedad, la gula, la disipación, los estimulantes, el quebrantamiento, en una u otra forma, de las leyes naturales.

No tuvimos intención de ultrajar, afligir, denostar o insultar a los amigos ni de tratar despectivamente a las gentes con quienes nos relaciona el negocio; pero la máquina corporal estaba falta de prudente manejo y escrupuloso cuidado, y se disparó.

Excepto el riesgo del crimen, nada hay tan humillante para el hombre que en algo se estime como perder el dominio de su cuerpo, que cual descompuesta máquina se moverá desconcertadamente sin que el motorista se vea capaz de regularla.

Lo más denigrante en un temperamento irascible es que al ponerse el hombre fuera de sí da un lastimoso espectáculo. Cuando pierde el dominio de su cerebro, se manifiesta en él la bestia que de ordinario procura encubrir ante los que trata, y se le dibujan los rasgos viciosos, su ruin, despreciable e impuro aspecto, la faceta que a toda costa quiere encubrir a sus más íntimos amigos. Entonces sale todo a luz y al vituperio de las personas cuya estimación ambiciona.

Replicarán algunos que no pueden dominar su temperamento, cuyo estallido sobreviene sin pensarlo; pero han de considerar que el cerebro no es el verdadero hombre, sino que está bajo el dominio del hombre y que la máquina corporal es distinta de la mente, por lo que podemos regular a nuestro albedrío los pensamientos y emociones, de suerte que nuestro cuerpo no funcione nunca descompuestamente ni el cerebro actúe jamás a su antojo. Tras el cerebro está el hombre.

¿No habéis reparado en quienes no pierden nunca la serenidad, aunque violentamente les provoquen?

Hombres hay cuya sola presencia os guardaría de perder los estribos, ni aun en las más provocadoras circunstancias. Casi todos tenemos alguien de nuestro conocimiento y trato ante quien por nada del mundo perderíamos el prestigio. En cambio, en la intimidad del hogar, donde nadie nos cohíbe, delante de un dependiente o subordinado en quien vemos una pieza del mecanismo de nuestro negocio, si no le tenemos simpatía ni le guardamos miramiento alguno, solemos arrebatarnos a la más ligera provocación. Esto demuestra que podemos dominarnos en grado incomparablemente mayor al que suponemos. La persona más iracunda no se encolerizará si cuando alguien le insulta se imagina que está en visita o reunión entre personas distinguidas. Si a cada cual tratamos según corresponda y respetamos aún a los más humildes, como es nuestro deber, y nos respetamos a nosotros mismos, no nos costará mucho trabajo dominarnos.

En la mente y en el corazón de la mayoría de las gentes anidan rencores, celos, envidias, antipatías y prejuicios que, si bien no se manifiestan muy violentamente, se van enconando allí dentro hasta envenenar el alma. Consideremos cuán profunda alteración se operaría en nuestra conducta si tuviésemos cuidado hasta con el tono de nuestra voz.

Los modales son un lenguaje muy influyente en nuestra dicha y en la de cuantos nos rodean. "Arrojad un hueso a un perro y con él se largará rabo entre piernas sin la más leve demostración de agradecimiento; pero llamadlo cariñosamente, dadle el hueso por vuestra propia mano y os agradecerá el beneficio."

Muchos rozamientos en el trato de gentes provienen del tono de voz, porque la voz denota nuestros sentimientos y actitud respecto de los demás. El tono áspero, que expresa antagonismo y antipática disposición de ánimo, puede suavizarse; y si cuando la cólera nos enciende la sangre bajáramos mecánicamente la voz, lograríamos apaciguar la pasión. Sabido es que si a los chiquillos contrariados en su antojo se les deja chillar a sus anchas, les sobreviene la rabieta colérica con sus correspondientes alaridos y pataleo. Cuanto más gritan y chillan tanto más violenta es la rabieta, hasta el punto de ponerse a veces congestionados. Su tono colérico aviva el ardor de la pasión, mientras que el acallamiento de las voces extinguiría el fuego del cerebro.

Mucha mayor fuera la felicidad doméstica si todos los individuos de una familia convinieran en no hablarse nunca con voces descompuestas. Si al echar el marido de menos algo de lo que necesita se lo pidiera a su mujer en tono suave y la tratara en toda ocasión como cuando eran novios, no le costaría mucho reconquistar el conyugal cariño.

Del sarcástico, burlón, picante, resentido y discorde tono de voz, deriva, en gran parte, no sólo la infelicidad doméstica, sino también los disgustos en la vida social y mercantil.

Las gentes quisquillosas que se molestan y enojan por menudencias, denotan con ello que no son lo suficientemente magnánimas para dominar la situación y mantenerse en equilibrio. Su iracunda actitud indica que están en siniestra disposición contra cuanto les rodea y por ello son víctimas de la situación, en vez de dominarla.

Las gentes propensas a encolerizarse por cualquier contrariedad o provocación no se percatan de que si ceden a estos arrebatos se les crisparán los nervios, con grave daño del fino y delicado mecanismo cerebral, hasta el punto de perder el dominio de sí mismos y quedar incapacitados para reprimirse, de modo que automáticamente estallen en cólera sin que nada lo justifique.

No hay espectáculo más lastimoso que el del hombre cuya cólera descubre sus ruines, despreciables y brutales instintos. En semejantes circunstancias queda ofuscada la razón, el conocimiento esconde avergonzado la cabeza y el sentido común y el buen juicio caen del trono sobre el que se cierne la bestia entre la anarquía dominante en el reino de la mente. Pasado el arrebato, sentís que vuestra dignidad, decoro y estimación han naufragado en la tormenta.

Estaba cierta vez rabiosamente encolerizado un chiquillo, cuando acertó a mirarse en el espejo, y tan avergonzado y pesaroso quedó al verse, que al punto contuvo el llanto. Si los adultos pudieran verse cuando están en el paroxismo de la pasión, cuando la tormenta devasta su cerebro y desmenuza sus nervios y la bestia se asoma a los ojos, seguramente que no querrían volver a dar tan deplorable espectáculo.

El convencimiento de que podemos dominar el cerebro, de que a nuestro cuidado está la máquina humana, es ya de por sí maravilloso auxilio para el propio gobierno.

Cuéntase de una señora que fue a retratarse y se colocó ante el objetivo con la adusta, dura y repulsiva mirada que tanto amedrentaba a los chiquillos de la vecindad, cuando el fotógrafo desembozándose del paño, exclamó:

-¡Alegrad un poco más los ojos!

Trató de obeceder la señora; pero como todavía era muy dura su mirada, le dijo el fotógrafo en tono entre cariñoso e imperativo:

-Mire usted un poco más dulcemente.
A lo que replicó la señora con aspereza:
-Si a usted le parece que una vieja displicente puede tener brillo

en la mirada y que quien está de mal humor puede ponerse alegre cuando se lo digan, no conoce usted ni un punto de la naturaleza humana. Es preciso ponerle delante algo alegre.

-No, por ciertoredarguyó tranquilamente el fotógrafoHay algo que usted misma puede poner en su interior. Pruébelo usted otra vez.

Los modales y tono del fotógrafo inspiraron confianza a la señora, que, reanudando el intento, logró esta vez dar brillo a su mirada.

-¡Así está bien!exclamó el artista al ver el pasajero resplandor que iluminaba aquel marchito semblante-. Parece usted veinte años más joven.

Volvióse a casa la señora con el corazón conmovido por extraño sentimiento, pues las palabras del fotógrafo habían sido el primer cumplido que oía desde la muerte de su esposo, y le dejó agradable recuerdo. Al llegar a su cortijo miróse largo rato al espejo, y exclamó: "Tal vez haya algo en él, pero ya veremos el retrato."

Al recibirlo pareció como si resucitara. El rostro refulgía con los últimos ardores de la juventud. Lo contempló ansiosamente durante mucho espacio y dijo al fin con clara y firme voz "si una vez lo hice, podré hacerlo dos." Puso entonces el espejo sobre el bufete y exclamó: "Rejuvenécete, Catalina"; y nuevamente brillaron sus ojos. "¡Mira un poco más dulcemente!", se mandó a sí misma; y tranquila y radiante sonrisa iluminó su rostro.

Pronto echaron de ver los vecinos la mudanza operada en ella, y le dijeron:

-¿Cómo es, señora Catalina, que se está usted volviendo joven? ¿Cómo se las compone?

A lo que respondió:

-Todo lo hice en mi interior. Sed placenteros y sentiréis placidez. Nadie puede ser verdaderamente feliz mientras no sepa dirigir

expertamente su máquina corporal y mantenerse constantemente en equilibrada condición mental y física. Todo depende de la máquina.

Un reloj no marcha bien porque tenga excelente muelle, soberbia áncora o delicado regulador, pues la exactitud de la hora no depende de tal o cual pieza, sino que resulta de la simetría, coordinación y absoluto ajuste de la multitud de engranajes, cojinetes, muelles, tornillos y demás órganos de la máquina. La imperfección de un solo diente del más diminuto engranaje impediría que el relojero lo construyera acabadamente, pues no basta la particular perfección de cada una de las piezas, sino que todas ellas han de estar armónicamente correlacionadas.

La salud es respecto del cuerpo lo que la hora respecto del reloj. Es la salud la hora exacta del cuerpo, la armónica relación y correspondencia entre todas las partes, pues la más leve imperfección de cualquiera de ellas alterará la armonía del conjunto. Robustos músculos, pecho anchuroso e hígado perfecto no determinan por sí mismos la salud, que ha de resultar del armónico funcionamiento de todos los órganos del cuerpo. La salud moral es fruto del armónico ejercicio de las facultades morales. Un cronómetro moral no señalará la hora exacta si tiene alguna pieza defectuosa.

La fuerza y la felicidad dimanan del equilibrado, armónico y desembarazado funcionamiento de la máquina humana.

V

RIQUEZA Y FELICIDAD

Parece como si todo hombre fuere capaz de mantener cierta suma de felicidad, que ninguna ley humana puede acrecentar ni circunstancia alguna disminuir, porque es enteramente independiente de la fortuna. Decidle a quien quiera que compare su situación presente con la pasada, y probablemente no se hallará en conjunto ni mejor ni peor que antes.

— GOLDSMITH.

Debiéramos educar a los jóvenes en la ciencia de la felicidad, de modo que pudieran encararse con un multimillonario pobre en lo demás y decirle: "Me propongo que mi vida sea toda ella un éxito, y no tan sólo un éxito material. Si alguien obtiene de la vida más provecho que yo, bienvenido sea."

¡Qué desgracia fuera para el mundo que la riqueza pudiese dar la felicidad, como a la mayor parte de las gentes les parece! Si la riqueza fuese esencial a la felicidad y el hombre hubiera de ser rico para ser feliz, siempre fuera feliz el rico y desdichado el pobre. Pero las riquezas no dan de por sí la felicidad. Para que el dinero haga feliz a un hombre es preciso que lo emplee bien, sin convertirlo en halagador de concupiscencias. La riqueza en manos de ignorantes y bellacos, no puede contribuir a la verdadera felicidad, porque nadie puede ser verdaderamente feliz sin un elevado ideal y un alto propósito en la vida.

Muchas gentes se engañan con la idea de que la felicidad consiste en la satisfacción de sus deseos y no reparan que el deseo es tan insaciable como el mar y tanto más alborotadamente ruge cuanto con mayor premura cedemos a sus exigencias.

Dijo un filósofo romano: "Nunca están los ricos satisfechos". El halago de nuestros egoístas apetitos intensifica el hambre del alma. La buena conducta es lo único que puede consolidar permanentemente la felicidad, pues los bienes puramente materiales son transitorios y perecederos.

Una de las mayores desilusiones del rico es no poder comprar la felicidad con su dinero, pues el dinero no satisface más que una parte de nuestro ser, ya que no sólo de pan vive el hombre.

Todos conocemos a hombres sin fortuna que erigieron su carácter en firmísimo baluarte y se forjaron una muy recia personalidad. No son multimillonarios del dinero, pero son multimillonarios del carácter que tienen su relicario en multitud de amantes corazones.

Verdaderamente pobre es el rico en dinero y menesteroso en espíritu.

A este propósito dice Franklin:

Nunca hizo el dinero feliz a un hombre y nada tiene de por sí capaz de dar la felicidad.

En las ciudades populosas hay ricos cuyo nombre nunca aparece asociado a las obras meritorias: que nunca socorren al pobre ni prestan su concurso a levantados propósitos, ni les conmueve el espíritu público, ni pertenecen a corporación alguna cuyo objeto sea ayudar a la humanidad. Están enteramente envueltos en sí mismos y no conciben que les quepa gastar dinero en otra cosa que en sus gustos, y así se tornan tan empedernidos avaros, que nadie les llora al morir.

¿No es extraño que cuando tantas pruebas tenemos de que la felicidad sólo dimana de los anhelos legítimos, de las buenas obras, de la servicial benevolencia con el prójimo, pongamos tanto ahínco en adquirir riquezas materiales y tan poco en fomentar lo que nos daría acabada satisfacción?

Conozco a un rico al que preguntaron que acción de su vida le había dado mayor felicidad, y respondió que el pago de una hipoteca sobre la casa de una pobre mujer a quien iban a embargársela. Lo más probable es que este hombre espera hallar felicidad incomparablemente mayor en la acumulación de riquezas; pero el rescate del hogar de una desdichada mujer le proporcionó el gozo más intenso de su vida.

Algunos de los más preclaros talentos que he conocido carecían de bienes de fortuna; pero abundaban en los que ni el dinero puede comprar ni la codicia adquirir.

Decía Jorge M. Pullman luego de haber agenciado pingües riquezas:

No soy ahora ni un ardite más feliz que cuando no tenía más dólar mío que el trabajosamente ganado desde la soleada mañana a la escarchada tarde. En la pobreza más grande sería tanto si no más feliz que ahora.

41

Y Rusell Sage afirmaba:

Las riquezas no son más que vanidad y aflicción de espíritu.

¿Por qué ha de valer más de lo que yo tengo lo que otros tengan? ¿He de disfrutar menos de lo mío porque alguien tenga más? ¿Por qué he de menospreciarme a mí mismo y adular servilmente a quienes lograron amontonar dólares? ¿Acaso es el dólar la medida de las cosas de verdadero valor? Hay en el hombre algo de valía infinitamente mayor que cuantos bienes materiales pueda acopiar en torno suyo.

Si nuestra mente está siempre enfocada en las artimañas del lucro y en nuestros egoístas intereses, nada nos quedará de cuanto pueda hacernos verdaderamente felices.

El afán de riquezas es primero un hábito vicioso y después una enfermedad, tan peligrosa como la morfinomanía. Así como los fumadores de opio pierden el sentido moral y en cambio despliegan maravillosa astucia para procurarse los medios de satisfacer su ardorosa pasión, de la propia suerte la codicia sofoca el sentimiento de amor al prójimo y acrecienta el egoísmo.

Muchas gentes debilitan sus energías y retardan su mejoramiento por el erróneo concepto que tienen de la vida. La codicia de los bienes ajenos les impide disfrutar de los propios.

Para ser felices hemos de satisfacer a nuestra conciencia, pues algo hay en nosotros que condena toda acción egoísta tan acerbamente como una acción delictuosa. Nunca es feliz el codicioso, avaro y egoísta, porque la naturaleza humana en que predominan estas inclinaciones queda incapacitada para cuanto despierta amor a la vida.

Sólo hay una felicidad verdadera: la que no conoce reacción contraria ni deja tras sí tormentosos recuerdos. El halago de los apetitos egoístas produce una fatal reacción, que incapacita para el logro de la verdadera felicidad.

La mayoría de las gentes exageran el valor del dinero, porque no aciertan a compararlo con el de una mente educada y un delicado y apacible temperamento. Todo cuanto de atractivo tienen las riquezas está erizado de tentaciones, especialmente para los caracteres débiles, frívolos y ligeros. La riqueza trae consigo muchos enemigos que nos incitan a obrar en perjuicio de nuestros supremos intereses, con quebrantos de nuestra salud y degradación de nuestro carácter.

Dice Emerson que las tierras son dueñas de su dueño, y con esto significa que el acrecentamiento de las riquezas es incentivo de todo linaje de placeres sensuales y halago de toda clase de apetitos. La opulencia es enemiga de la sencillez de vida y nosotros estamos constituidos de manera que la vida complicada no es la más a propósito para nuestra mayor felicidad.

Muy perniciosa doctrina es la que establece la verdadera felicidad en los bienes materiales, en vez de fundarla en las cualidades del carácter. Cuanto más se tiene más se desea y en vez de llenar, abrimos un vacío.

Una cuenta corriente en los bancos no basta para enriquecer al hombre. Por dinero que tenga, jamás será rico el pobre de corazón.

Tan imposibilitado está el egoísmo de saborear las delicias de la suprema felicidad, como el ciego de admirar los resplandores de una puesta de sol.

¿Cómo ha de ser feliz el hombre que agenció fortuna por medios egoístas, rastreros y cobardes y que explotó a quienes le ayudaron a labrarla, en vez de auxiliarles en el logro de su independencia?

Las gentes infortunadas se forjan su propio purgatorio al atribuir excesivo valor a las cosas materiales. No hay más grave error que cifrar la felicidad en el halago de apetitos egoístas. Si el hombre eliminara de su ser cuanto en él aspira, espera, cree y anhela; si se desprendiese de todos menos de su naturaleza inferior, gozaría de la satisfacción del bruto, pero no de la felicidad del hombre. Y esta satisfacción del bruto es la única posible para algunos potentados, tan sólo capaces de disfrutar los bajos goces del apetito animal, pues les están vedados los goces puros hasta que actualicen sus facultades superiores.

El dinero significa para muchas gentes la irrestringida satisfacción de sus apetitos y les parece que con sólo tener dinero para ello han de ser felices y forjan toda clase de planes para acallar la voz interior, que condena sus malas acciones. Tratan de encontrar la felicidad en una fortuna adquirida por medios sospechosos y no aciertan a comprender por qué el dinero y la influencia social no pueden comprar la dichosa existencia que apetecen.

El hombre que torcidamente allegó riquezas puede fundar escuelas, construir hospitales, alimentar y vestir al pobre; y sin embargo, no halla la felicidad por cuyo logro se afanó toda su vida, pues no es posible comprar la felicidad, como no se compra el amor o el reposo. Sé de hombres ricos miserablemente infelices que gastan el dinero a manos llenas afanosos de obtener la felicidad, que sólo dimana de la rectitud y pureza de vida.

El egoísmo, si llega a darse cuenta de lo que es, se desprecia interiormente por su codicia de arrebatar los bienes ajenos para acrecentar algo más los propios. La conciencia nos remuerde cuando tratamos de sobreponernos a los demás y sustraer de ellos injustas ventajas, como si nos repartiéramos dividendos a costa de su infortunio. Conocemos que todo esto es inicuo y algo hay en nuestro interior que por ello nos reconviene. Nadie puede ser verdaderamente feliz si no obra según las acciones que en otros admira. Si hacéis algo que reprobaríais visto en otro, forzosamente habréis de reprobarlo en vosotros mismos, y por lo tanto, necesitáis la sanción de vuestra conciencia para ser felices.

Las verdaderas riquezas no están al alcance del dinero y son independientes de la fortuna. No las quema el incendio ni las anega el naufragio ni las extravía el descarrilamiento.

Con mucha frecuencia vemos gentes que empobrecen su alma y sofocan los delicados sentimientos que hermosean la vida, encenagándose en los groseros placeres sensuales o amontonando riquezas terrenas. Unas cuantas hectáreas de polvo, una hilera de casas, una suntuosa morada con hermosos muebles, elegantes ropas y vajilla de plata labrada, cuando no se emplean debidamente, son bien poca cosa para satisfacer los anhelos del alma inmortal.

Centenares de ricos hay en cuyo hogar no veréis un libro inspirado, ni un cuadro, ni una estatua de espiritual significación, nada de lo que pueda levantar el pensamiento a los altos fines de la vida. Se echa de ver mucha ostentación de riqueza vulgar, preciosos cortinajes, alfombras y muebles y decorado costosísimo, pero nada que despierte sentimiento y espiritualidad.

En cambio, en no pocos hogares modestos hallamos lo que ennoblece la vida y la eleva sobre la vulgaridad y sordidez y estimula al alma a remontar el vuelo.

No se ven allí costosos cuadros ni tapices, ni siquiera alfombras en el suelo; pero encontramos libros escogidos, cuya índole denota la delicadeza de sentimientos del dueño de la casa, envuelta en un espiritual ambiente de amor y benevolencia, que inunda de belleza y encanto la humilde morada.

Hermosura de alma, bondad de corazón y espiritual temperamento son los muebles que transforman en palacio la cabaña y sin los cuales la más lujosa mansión es desmantelado cobertizo.

Me decía no ha mucho un empleado:

Soy un modesto mecánico y mi principal me habla como a un fracasado de la vida, porque no soy rico ni tengo negocios por mi cuenta. Me dice que cualquiera, con un adarme de sesos y redaños, es capaz de labrarse una fortuna en esta tierra de la oportunidad.

Pero él y yo discrepamos al apreciar en qué consisten el éxito y la felicidad en la vida. Hay lo que podemos llamar éxito de empresa, es decir, el triunfo en la especialidad en que lucremos, y también hay el éxito en todos los órdenes de la vida. Quien logra aquel éxito se coloca a la cabeza de su especialidad, pero se rezaga en la marcha general de la vida, al paso que quien alcanza este otro éxito lo identifica con su individualidad.

Mi principal me mira por encima del hombro y me tiene por nadie, porque no vivo en un barrio tan aristocrático como el suyo ni puedo disponer de automóvil. Mi familia no viste con el lujo de la suya ni mis hijos pueden tratarse con quienes tratan los suyos. No pertenecemos a su categoría social. A mí no me invitan a juntas ni frecuento despachos de directores. Sin embargo, vistas las cosas de cerca, gozo entre cuantos me conocen de mayor estimación que mi principal, a quien todos tienen despectivamente por un solapado vividor. Las gentes ponen los ojos en su dinero, no en él; cortejan y adulan a su fortuna.

A mi entender, hay enorme diferencia entre amontonar dinero y construir el hombre interno. De muchacho comencé a trabajar para mi principal por tres dólares a la semana. Al cabo de pocos años ya era maestro mecánico y me pareció tener por mi empleo mayor respeto que él por el suyo. Una hermosa pieza de forja, un trabajo bien hecho me deleitaba como un cuadro soberbio deleita al artista; pero mi principal miraba su negocio tan sólo como el medio más práctico de amontonar dinero. Era un congénito acuñador de moneda. Sin embargo, creo que en la vida hay algo infinitamente mejor que amontonar dinero.

En efecto, no consiste la verdadera riqueza en tener mucho dinero, ni da el dinero las más cumplidas satisfacciones. Únicamente la riqueza del alma, la desinteresada generosidad, el amor inegoísta, la mano auxiliadora, el corazón compasivo, dan positivo valor a las riquezas legítimamente adquiridas con el trabajo honrado y proporcionan a su dueño el gozo de quien sabe que está realizando el verdadero fin de su vida.

Tiempo atrás, recorrí larga distancia para visitar una muy humilde casa de Amesbury, en el Estado de Massachusetts, que intrínsecamente no valía más allá de unos cuantos cientos de dólares, pero que cobraba inestimable precio por haber vivido en ella Juan Greenleat Whittier. Las gentes cruzan tierras y mares para visitar esta casa en peregrinación. Los entusiastas admiradores del poeta arrancan de aquel paraje pedacitos de madera, flores silvestres, hojas y todo linaje de memorias para recordar que allí vivió un hombre de nobilísimo carácter.

Miles de norteamericanos consideran al ingenuo poeta Whittier como uno de los más ricos tesoros de América, y sin embargo, nada valioso dejó en el mundo sino sus poéticos cantos.

No os moféis de quienes piensen que hay en el mundo algo mejor que el dinero y la adoración del becerro de oro. Los monumentos en los parques y plazas públicas perpetuarán en los siglos la memoria de heroicas vidas, cuando ya nadie recuerde el nombre del multimillonario. El egoísmo no entraña la inmortalidad. La codicia es naturalmente infecunda, y a lo sumo engendra hijos de corta vida. ¿Quién vio jamás a las gentes ir en peregrinación a las casas de los millonarios que nada hicieron en beneficio del mundo? ¿Quién insultaría la memoria de Whittier preguntando si fue rico? ¿Quién profanaría el nombre de Lincoln inquiriendo qué fortuna legó a su muerte, o quién se atrevería a decir que su pobreza no le permitió ser varón insigne? Centenares de hombres y mujeres vivieron y murieron en míseros hogares, en buhardillas y aun en casuchas, y sin embargo, enriquecieron el mundo con sus obras y cooperaron al bienestar de las gentes y al progreso de la civilización con mayor eficacia que muchos millonarios. Hombres que en su vida dispusieron de modesta fortuna legaron nombres cuya fama no dejará morir el mundo.

¿No visteis hombres sin un céntimo que por la exuberancia de su carácter enaltecieron a todo un pueblo? ¿No hay hombres pobres cuya presencia enriquece a sus convecinos? ¿No sabéis de hombres que, a pesar de su pobreza, se aquistan el amor de los niños de la vecindad? ¿No veis que hay hombres cuya pobre morada miran todos como un santuario?

No es ser rico engolfarse en un negocio, aglutinarse en complicada vida y fatigarse en la ansiosa lucha por acopiar cuantiosa fortuna. El consumado egoísmo de los hombres exagera el valor del dinero y de lo que con dinero puede lograrse. El auxilio del prójimo es lo más valioso del mundo, y si no lo hacemos así seremos verdaderamente pobres, aunque poseamos millones, y no podremos gozar plenamente de la vida.

VI

DISFRUTAR SIN
POSEER

¿Qué tiene el propietario, sino la sola vista de lo suyo?

Un noble francés, a quien Washington Irwing nos dio a conocer, se consolaba de la pérdida de su castillo, diciendo que para sus paseos campestres tenía Versalles y Saint-Cloud y para su solaz ciudadano las umbrosas arboledas de las Tullerías y el Luxemburgo.

A este propósito decía:

Al pasear por estos hermosos jardines me imagino su dueño, y así son míos. Tropeles de gente vienen a visitarme, sin la molestia de recibirlos. Mi posesión es un verdadero Sans-Souci, donde cada cual hace su gusto y nadie estorba al propietario. Todo París es mi escenario, que me ofrece continuo espectáculo. En cada calle tengo casas donde está puesta la mesa y miles de criados que acuden presurosos a mi orden. Luego de servirme les pago y nada más tengo que ver con ellos, sin temor de verme murmurado ni robado al volver la espalda. Cuando recuerdo lo que he sufrido y considero cuanto al presente gozo, me tengo por afortunado.

Positivamente nos enriquece el hábito de sentirnos ricos por haber elucido la facultad de extraer riquezas de cuanto tocamos. ¿Por qué no sentirnos ricos de todo cuanto pueden llevarse nuestros ojos, aunque otros sean sus propietarios? ¿Por qué no disfrutar de la hermosura de los jardines como de ella disfruta su dueño?

Al pasar por ellos puedo teñir su opulencia con mi personal color. Mía es la belleza de las plantas, flores y árboles. La propiedad ajena no invalida mi imaginaria propiedad.

La mejor porción de la granja, el paisaje, la escotadura del valle, el canto de las aves, la puesta del sol, no pueden vincularse en títulos de propiedad, porque son de los ojos que los admiran y de las mentes que los contemplan.

¿Cómo hay algunas, aunque rarísimas, personas que de su alrededor saben extraer cuanto enriquece la vida, mientras que otras poca cosa obtienen de las más propicias condiciones de riqueza? Todo consiste en la calidad de la materia absorbente. Hay personas tan ciegas a la belleza, que atraviesan con la mayor indiferencia los más soberbios escenarios, sin conmovérseles el alma ni sentir la inspiración que a otros arroba.

Cuéntase que en una partida de alpinistas iban una señora inglesa y otra alemana. El guía condujo a los alpinistas a un punto desde donde se descubría de pronto un maravilloso panorama de espléndida belleza. La inglesa exclamó: "¡Qué encanto!" La alemana postróse de hinojos e inclinó la cabeza, exclamando:

"¡Oh! Dios mío, gracias por haberme dejado ver este día."

Dice Carlos F. Aked:

Si no eres rico, alégrate de que otro lo sea, y te sorprenderá cuanta felicidad te viene de ello.

¿Jamás advertiste, ¡oh! quejoso amigo mío, cuán verdaderamente rico eres? ¿Dices que no tienes posesiones y que vives con tu familia en casa de alquiler? Alma mezquina es la incapaz de disfrutar de lo que no es suyo propio y se deja llevar de la envidia. Hemos de ser capaces de disfrutar de todas las cosas, poséalas quienquiera. ¡Qué insensatez envidiar a los demás lo que no tenemos o no podemos tener! Aprende a disfrutar de todo. Sé como el ave que no repara en los títulos de propiedad de las tierras donde edifica sus diminutos hogares.

¿Habéis parado mientes alguna vez en cuán mínima parte de la común riqueza puede substraer el individuo? Libres son las calles y caminos; libres los parques; tan nuestras como del hombre más opulento son las copiosas bibliotecas; nuestras son las escuelas; nuestros los ríos, los arroyos, las montañas, las puestas de sol, los maravillosos misterios y bellezas de los cielos. Rockefeller no puede recibir del sol ni de la luna más de lo que nosotros recibimos; las estrellas son tan nuestras como suyas. Nuestros son los encantos de la naturaleza, la variedad de las estaciones, el gozo que en todas partes reverbera a impulsos del Creador. La perspectiva de un paisaje es tan nuestra como del arrendatario del terreno.

Pensad en lo mucho que le cuesta a una ciudad el cuidado de sus parques. Ni las posesiones de un

Carnegie abarcan tan vastos terrenos; y sin embargo, siempre los encontráis en inmejorable condición, sin ansiedad por vuestra parte. Los que cuidan de ellos lo mismo trabajan para el pobre que para el rico, sin que hayáis de asalariarlos ni vigilarlos. Las flores, aves, estatuas, las bellezas todas de los parques urbanos son tanto del pordiosero como del potentado, y de esta suerte los pobres de la ciudad son propietarios de centenares de hectáreas de terreno. Nuestro error está en exagerar las ventajas de tener muchas posesiones, pues la mente humana no es capaz de comprender ni disfrutar muchas cosas a un tiempo y la vida compleja malogra sus propios fines. Dice a este propósito un autor: "Prefiero ser capaz de estimar las cosas que no puedo poseer, que poseer cosas que no pudiera estimar."

Roberto Luis Stevenson embaló en cierta ocasión sus cuadros y muebles para enviárselos a un su amigo que estaba en vísperas de casarse, diciéndole que, por fin, se había emancipado del cuidado a cuya esclavitud estuvo sujeto tanto tiempo. Concluía con estas palabras:

Te ruego que no des albergue a la fortuna. Ni una vez al mes estarás en disposición de gozarte en la vista de un cuadro. Cuando de ello te entren ganas, ve al museo y admíralo.

¿Por qué hemos de contender por la posesión de un pedazo de tierra? ¿Por qué he de envidiar en otros su posesión puramente legal? Mío es ahora este mundo. Es de quien puede verlo y gozarlo. No necesito envidiar a los hacendados de Boston y Nueva York, porque se contraen a cuidar de mi hacienda y mantenerla para mí en buen estado. Por unas cuantas monedas tomo el tren y voy adonde me place y puedo ver y poseer lo mejor de todo cuanto vea, sin esfuerzo ni cuidado. Hierbas y arbustos, estatuas y cuadros están a mi disposición siempre que anhele disfrutar de su vista. No deseo llevármelos a mi casa, pues no podría prestarles ni la mitad del cuidado que ahora reciben, y además, me cercenarían un tiempo precioso, sin contar con el continuo recelo de que me los robasen.

Mía es hoy mucha porción de la riqueza del mundo. Todo está para mí dispuesto, sin molestia alguna por mi parte. Cuantas gentes me rodean trabajan para adquirir cosas que han de agradarme, y unos con otros porfían por ver quién me las proporciona a menos coste. Para mí han trabajado los siglos; el linaje humano es mi sirviente. Lo único que personalmente me toca es alimentarme y vestirme.

Algunas personas son de tal temperamento, que no necesitan poseer las cosas para disfrutar de ellas. Son refractarias a la codicia. Se alegran de que otros tengan dinero y suntuosas miradas, aunque ellos sean pobres. Enrique Ward Beecher era de tan amplio, liberal, magnánimo y cordial temperamento, que de todo disfrutaba sin poseerlo.

Brooks, Thoreau, Garrison, Emerson, Agassiz, fueron ricos sin dinero. Vieron esplendor en las flores, gloria en las hierbas, libros en los murmurantes arroyos, discursos en las piedras y el bien en todas las cosas. Supieron que el dueño del paisaje es raras veces el arrendatario de la tierra. De primera mano extrajeron energía y riqueza de las praderas y de los campos, de las flores y las aves, de los arroyos, bosques y montañas, como del polen liban mieles las abejas. Todo objeto de la naturaleza parecía que les trajera un mensaje especial del Creador de la Belleza. Para estas almas escogidas, toda obra natural tenía toques de poder y encanto, y en ellas bebían sus sedientas almas, como el viajero bebe el agua milagrosa del oasis. Parecía que su cometido era extraer riquezas de los hombres y de las cosas para derramarlas de nuevo en refrigerante lluvia sobre la sedienta humanidad.

¿No habéis visto cómo la abeja liba miel de las más repugnantes y ponzoñosas flores? Sé de quienes tienen vigorosamente desarrollado este maravilloso instinto de libar mieles de todas partes. La extraen de los más repulsivos ambientes. No pueden hablar con las más miserables, ruines e infelices gentes, sin extraer de ellas lo que adulciga la vida y enriquece la experiencia.

Divino don es la capacidad de encontrar en todas las cosas el gozo que dilata la vida, profundiza la experiencia y enriquece el carácter. Es un poderoso elemento autodidáctico.

Pobre es quien no está satisfecho. Rico es quien se contenta con lo que tiene y puede disfrutar de cuanto los demás poseen.

Arriba suelen mirar nuestros ojos para encontrar el valor de la vida; pero cuando nos dan prudencia los años, vemos a nuestros pies lo que en otro tiempo desdeñamos.

Goces hay que anhelan ser nuestros. Dios envía miles de verdades que en nuestro derredor revolotean como pájaros en busca de una rendija para entrar. Pero nosotros les cerramos la entrada y entonces ellos se posan un instante sobre el tejado, pían y levantan el vuelo.

VII

EL PECADO DE LOS NERVIOS

Muchísimas personas no aciertan a dominarse y son víctimas de sus nervios.

Muchas mujeres viven en un crónico estado de neurosidad y raras veces logran descanso. Muchas no duermen lo suficiente, porque a menudo les turban el sueño los chiquillos, y el esfuerzo mental por una parte y la dura labor y la monotonía de su vida por otra, bastan para quebrantar la salud y herir el ánimo de cuantas carezcan de un extraordinario y equilibrado vigor de mente y cuerpo.

Los hombres, que después del cotidiano trabajo quedan libres, no advierten que sus mujeres trabajan el doble en el cuidado del hogar y a menudo entre infinidad de contrariedades que las solivantan. La mayor parte de las mujeres serían amables y cariñosas si vivieran tranquila y ordenadamente. La mayor parte de los maridos extenuarían sus nervios en tres meses, si hubiesen de colocarse en el lugar de sus consortes. Las mujeres se ponen a menudo sumamente nerviosas y sus maridos las reconvienen por su irascibilidad, sin reparar en que toda aquella perturbación deriva de la fatiga mental y muscular consiguientes a largas horas de monótono trabajo, entre multitud de molestias ocasionadas por los quehaceres domésticos.

Las disputas en muchos hogares provienen de la tensión nerviosa. Las frases picantes, las murmuraciones, la aspereza de trato, son más a menudo consecuencia de la tirantez de nervios que de malignidad de corazón. Solemos tratar bruscamente aun a nuestros mejores amigos y a quienes más amamos cuando estamos tediosos o en excitación nerviosa que nos saca de quicio, sin culpa por parte del ofendido.

¡Cuántos llevan años enteros y aun toda su existencia crueles heridas del alma, causadas inconscientemente por algún amigo querido en momentos de irascibilidad! ¡Cuán a menudo ofendemos a quienes con mayor ternura amamos y deberíamos ayudar, sólo porque estamos de mal humor y con los nervios irritados a causa de alguna contrariedad o disgusto!

La sangre viciada y las células emponzoñadas por malos pensamientos o falta de descanso, ejercicio y solaz, son causas de la irritabilidad nerviosa que tantos males engendra en el mundo.

Pongamos por caso un hombre que padezca insomnios. Los malos tiempos y los pánicos bursátiles le quebrantaron el negocio; y como es de temperamento nervioso y propenso al tedio aun en las ordinarias circunstancias de la vida, se trastorna y desquicia al menguar su vitalidad física. Tan escasa resistencia puede oponer, que a la fuerza de voluntad no le cabe esperanza de dominar la situación y es víctima de toda clase de menudas molestias, no advertidas en estado normal. Así es injusto con sus dependientes, áspero con sus subordinados y dice cosas de que después ha de avergonzarse. La bestia usurpa el trono del ángel.

Cuando no estamos seguros de regular nuestras acciones, hemos de diferir su ejecución para reconcentrarnos en nosotros mismos con vehemente anhelo de restablecer el equilibrio, apoyarnos en firme y definir nuestra viril resolución.

Muchas personas tediosas, taciturnas y abatidas cobrarían vigor y serían dichosas sin otra medicina que la frecuente expansión del ánimo en el seno de la naturaleza.

Los propensos a la irritabilidad nerviosa han de regular metódicamente sus costumbres y cuidar con mucho escrúpulo de su salud. Deben tomar alimentos tonificadores del sistema nervioso.

Nada tan sano como el ejercicio al aire libre en apacible y armonioso ambiente, porque el tedio, la ansiedad y el temor son mortales enemigos de los nervios.

No hace mucho tiempo recibí carta de un novel abogado que padecía atroz neurastenia. Tuvo de muchacho muy robusta complexión, pero la fue minando el excesivo trabajo de más de quince horas diarias a que se entregaba, afanoso de cobrar nombradía, pues creía equivocadamente que la concentración de la energía en el trabajo profesional es incompatible con el prudente y periódico descanso. Opinaba que no le era posible hacer eventuales excursiones campestres como hacían otros jóvenes abogados, y como fue retirando su cuenta corriente del Banco de la Naturaleza, quedó en riesgo de quiebra fisiológica. Precisamente cuando debiera estar en disposición de llevar a cabo su más valiosa labor, se ve forzado a dejar, tal vez para siempre, su profesión a causa de su abatimiento mental.

No ha de ser el hombre tan esclavo del trabajo que agote sus fuerzas en procurarse un modo de vivir sin atender al perfeccionamiento de su carácter. Día llegará en que se reconozca generalmente la posibilidad de trabajar más y mejor en menos tiempo. El trabajo sin el esparcimiento agota. Nuestra natural propensión al solaz nos enseña que no debemos negarle su parte en la vida.

El cerebro ocupado sin cesar en una misma tarea no funciona tan vigorosamente como cuando descansa o varía de ocupación. El hombre que de continuo trabaja sin esparcir jamás el ánimo, invalida su aptitud para la felicidad.

A causa de las actuales condiciones económicas de la sociedad, la mayoría de las gentes trabajan automáticamente y consideran su, labor como inevitable ganapanería, cuando, por el contrario, todo trabajo debiera ser gozoso. El ejercicio del cerebro o de los músculos ha de producir una sensación de bienestar, de modo que el trabajo sea tónico y no molestia, gozo y no pena. El trabajo no ha de cercenar nuestros legítimos placeres. El trabajo es esencial a la salud, porque cada facultad coopera a la sintética eficiencia del individuo y al mantenimiento de la salud, base fundamental de la vida.

¿Quién imaginará las tragedias resultantes del agotamiento nervioso? Muchos crímenes tienen por determinante las anormales condiciones establecidas por el empobrecimiento del organismo.

Si los habitantes de un país fuesen capaces de cumplir durante medio año las leyes de la higiene, cambiarían por completo las condiciones de nuestra civilización. Decrecerían incalculablemente la desdicha, la miseria y el crimen, al paso que se acrecentaría prodigiosamente la eficiencia de la colectividad. La ignorancia de las leyes de la higiene es causa principal de las enfermedades que sufrimos y del abatimiento e infortunio que nos acometen.

Mentira parece que gastemos tanto tiempo y dinero en aprender cosas de ninguna utilidad práctica en la vida, aunque tengan mucho valor disciplinario, y desdeñemos, en cambio, el conocimiento de lo que somos. Resulta un insulto al Creador, que de tan maravillosa manera nos formó, no emplear en el estudio del organismo humano, cuya madurez tarda medio siglo, el mismo tiempo, por lo menos, que dedicamos al estudio de una lengua muerta de eventual e indirecta utilidad.

Por doquiera vemos gentes que nada hacen de importancia, y sin embargo, podrían realizar grandes cosas si conservaran inmejorablemente su salud, porque la buena y robusta salud es uno de los factores del éxito.

El cerebro consume energías tomadas a crédito del estómago y los músculos. La salud es el fuego vital que nos espolea para cumplir acciones que nos lleven más allá de la medianía.

La vigorosa y robusta salud duplica y cuadruplica la potencia de las facultades psíquicas y de las funciones fisiológicas. La salud tonifica la economía humana, desembaraza el tejido cerebral limpiándolo de escorias, mejora el juicio, afina las potencias, acrecienta la energía y renueva las células de todos los tejidos del organismo.

Debemos procurar que nuestros hijos sean sanos y robustos.

¡Cuán triste espectáculo es el de un débil, enfermizo y desmedrado joven que entra en las porfías de la vida con la ambición de igualarse a sus robustos compañeros! ¿Qué probabilidades de triunfo tiene en comparación del joven que reboza fuerza y vigor por todos sus poros? ¡Qué infortunio es verse así detenido en los mismos umbrales de la vida activa! Pero ¡ah! qué satisfacción la de salir al palenque del mundo esperanzado, vigoroso, incólume, con la conciencia de la energía física que le permita sobreponerse a cualquier eventualidad.

Quien anhele de ser feliz, debe saber que tanto la felicidad como la tónica del carácter dependen de la salud de cuerpo y mente. Debe saber que de la integridad del organismo depende la felicidad de la vida, y que en todo sentimiento de bienestar o molestia, desaliento o desmayo, esperanza o desesperación, valentía o temor, influyen principalmente la nutrición de los tejidos, el vigor de las pulsaciones, la fortaleza de los nervios y, en suma, el armónico equilibrio mental y corporal.

Pocos se dan cuenta de que la conservación y mejoramiento de la salud equivale a la conservación y mejoramiento del individuo, porque cada grado de mejora en la salud entraña el mismo grado de mejora en las facultades mentales. Los estragos del cuerpo son tan funestos como el abuso de las emociones, que menoscaban nuestro valor y confianza para acometer cualquier empresa y rechazar los morbosos enemigos de nuestra verdadera felicidad.

VIII

LOS FRUTOS DEL
PENSAMIENTO

La mente caracteriza al hombre, y nuestro vigor está en nuestra alma inmortal.

— OVIDIO.

Nada debilita nuestra potencia creadora tan fácilmente como la costumbre de tenernos lástima y condolernos de nosotros mismos, porque con ello se destruye la confianza propia y ciéganse las fuentes del valor y la energía. Quien desee realizar potentes y vigorosos esfuerzos, debe abrir la puerta a la manifestación de su ser, sin restricciones de ninguna clase.

Desde el momento en que os lamentéis de vosotros mismos y creáis que no podéis hacer esto o lo otro, se subordinan vuestras facultades a esta disposición mental, de modo que debiliten y anonaden vuestra potencia creadora.

Conozco a un hombre de natural capacidad, en quien el constante análisis de sus cualidades físicas y mentales engendró tan morbosa convicción de su impotencia, que le redujo rápidamente a un estado de descorazonamiento e inutilidad.

Es tan aprensivo, que le parece tener síntomas de todas las enfermedades y le han de guisar platos aparte. Cuando todos se abrasan de calor, él quiere cerrar las ventanas para no resfriarse. Siempre anda a vueltas con anuncios, prospectos y folletos de específicos, por si encuentra la descripción de sus imaginarias dolencias, y cada vez que tropecéis con él os dirá, de seguro, que tiene síntomas de alguna nueva enfermedad.

De continuo está pensando en sus alifafes, condoliéndose de sí mismo y creído de que van a sucederle cosas horribles. Está convencido de que todo cuanto emprenda le ha de salir mal.

En vano le dicen los médicos que no tiene nada, que todo es aprensión suya. Sigue lamentándose de imaginarios males y poniéndose limitaciones de todo linaje, hasta degenerar en hipocondríaco incurable. Sus aprensiones le echan a perder, sin que padezca enfermedad alguna. Es víctima de su imaginación.

Tal es el hombre que, espléndidamente dotado por la naturaleza, se arrastra a lo largo de su camino, cuando debiera recorrerlo con paso firme, y no pasa de hacer cosas de poca monta, pudiendo haber sido capaz de altas empresas, todo por enfocar su pensamiento en sí mismo hasta convertirse en esclavo de su aprensión.

Nadie podrá realizar nada grande mientras entorpezca sus facultades con las limitaciones y estorbos que él mismo se ponga. Nadie puede ir más allá de sus convicciones. Desde el punto en que se imagina estar enfermo y que no puede hacer una cosa, no logra hacerla.

Todo cuanto contribuya a robustecernos y vigorizarnos físicamente, vigorizará también el sistema nervioso, librándonos de las aprensivas imaginaciones de males, cuya mejor y más saludable medicina es el equilibrio mental.

Al ver un famoso especialista en enfermedades nerviosas que ningún resultado le daba la receta de drogas terapéuticas, trató de inducir a sus enfermos a que estuviesen siempre sonrientes en cualesquiera circunstancias, y su receta para los melancólicos era dilatar la comisura de los labios. El procedimiento obró como por ensalmo, porque al dilatar aquellas no tenían los enfermos más remedio que reír, fuese cual fuese su grado de acatamiento y melancolía. El médico decía: "No deje usted de reír. A medida que dilate usted hacia arriba las comisuras de los labios, sin pensar en su estado de ánimo, verá usted como siente de otra manera. En seguida ponga usted la boca natural y notará que, verdaderamente, alguna influencia hay en dicha disposición de los labios."

Este especialista determina en sus enfermos la emoción de la alegría por medio de la actitud física de la risa, que es la manifestación fisiológica de dicha emoción. En cambio, el mismo especialista dice que dilatando hacia abajo las comisuras de los labios con suficiente fuerza de voluntad saltan las lágrimas, por ser esta actitud la correspondiente a la emoción de tristeza.

Nuestra salud suele estar tan quebrantada, entre otras razones, porque desde niños se nos ha imbuido la idea de que el dolor y el sufrimiento físico son inherentes a la vida como necesarios males imposibles de evitar. Así resulta que la robusta salud es la excepción y que aceptamos tan infeliz estado de cosas como una especie de hado ineludible.

El niño oye hablar tanto de enfermedades y tan a menudo se le previene contra ellas, que va creciendo con la convicción de que son ley de la vida, y por ello teme que a cualquier hora quebranten su salud.

Pensemos cuánto favorecería al niño si, en opuesta educación, le enseñáramos que la salud es el estado normal y la enfermedad el anormal. Pensemos en cuán gran beneficio recibiría el hombre si desde niño esperara mantenerse en completa salud, en vez de alimentar en su conciencia el opuesto convencimiento oyendo constantemente hablar de enfermedades y sufriendo amonestaciones contra el riesgo de contraerlas.

Al niño se le debe enseñar que Dios no engendra jamás la enfermedad ni el sufrimiento ni se complace en nuestras penas, sino que estamos destinados a la salud y la felicidad, cuyo resultado es el gozo y nunca el sufrimiento. La índole de nuestros pensamientos determina la índole de nuestra conducta. No podremos tener salud si, por ejemplo, estamos siempre pensando en la anemia cerebral o en la neurastenia. Si la vitalidad mengua, bajará de nivel la vida y correlativamente la facultad de gozarla.

Cuanto más feliz seas menos energía consumirás, y cuanta menos energía consumida más vitalidad tendrás y menos propenso estarás a las enfermedades.

Cuando el organismo esté henchido de energía vital, no contraerás enfermedades.

Ya desde niños deberíamos habituarnos a desechar todo pensamiento insano, desagradable y corrosivo. Todas las mañanas deberíamos levantarnos con la pizarra en blanco y borrar de nuestra mente toda pintura discordante, para substituirla por otras armoniosas y vivificantes.

IX

LOS GOCES DE LA IMAGINACIÓN

¡Oh! celestes bienaventurados a quienes ni los lánguidos cantos de esa sirena llamada lujuria, ni la sórdida riqueza, ni los fastuosos oropeles del honor vano moverían a dejar los siempre florecientes goces que en los arsenales de la naturaleza escoge la imaginación para encanto de las vivificadas almas.

Estuvo muchos años impedida una anciana señora sin salir de su casa, y decía que los más deliciosos ratos de su vida se los proporcionaban sus asuetos mentales. Todos los días recordaba los sitios que le fueron familiares en la infancia. Se imaginaba que subía a los Alpes y paseaba por las ciudades de Italia, que un tiempo le fueron tan queridas. Hacía ilusorios cruceros por su amado Mediterráneo y se deleitaba remembrando las horas enteras que había pasado en la terraza de su quinta de Sorrento contemplando los innumerables veleros que salpican la maravillosa bahía de Nápoles, y más lejos, el humeante Vesubio, que como enorme locomotora arrastra por el cielo su penacho de humo. La paralítica señora recreaba su memoria con la visión de la costa levantina de España, salpicada con el dorado fruto de los naranjos y limoneros, poniendo en olvido no sólo las penas y dolores de su invalidez, sino que quebrantando las físicas cadenas que en casa la esclavizaban, viajando a su albedrío por toda la tierra. Dice ella que estas excursiones mentales suelen ser más placenteras que las en carne y hueso, pues no tienen, como éstas otras, los inconvenientes de las molestias y de los gastos.

Con frecuencia asiste mentalmente al teatro y vuelve a ver las obras que vio en sus juveniles años. Lee a Shakespeare y ve a Booth, Salvini, Sara Bernhardt y los más eminentes actores y actrices. Durante la temporada de ópera asiste en espíritu a las representaciones de primer orden, y cuando la acometen penas viaja en el vehículo de su mente, sin que por muchas horas vuelva a pensar en sí misma, hasta que al regreso de las regiones de la imaginación se encuentra con nuevas esperanzas y nuevo valor para luchar con su dolencia. Asegura esta señora, que si las gentes supieran cuántos goces encierra la potencia descriptiva de la imaginación, sería feliz el género humano.

Los procedimientos educativos prevalecientes hoy día no actualizan ni la mitad de las posibilidades de gozo por medio de la imaginación. El mal está en dar demasiada importancia a los sentidos. Nos fue dada la imaginación para sobreponernos a todo cuanto nos circunda y recibir con ello prácticamente la facultad de omnipresencia. En un abrir y cerrar de ojos podemos ver cómo la estrella Arturo vuela en los espacios a la velocidad de veinte mil millas por minuto; y desde las nieves polares podríamos trasladarnos a las palmeras de los trópicos.

La desgracia de los faltos de imaginación consiste en que su vida es un pesado y monótono fastidio; y en cambio, quienes saben ejercitar esta maravillosa facultad están siempre serenos, animados y vigorosos, aun en medio de las más desfavorables circunstancias, porque han adquirido el feliz arte de suavizar su condición por medio de solaces mentales. He interrogado a varias de estas personas y han dicho que, a pesar de lo molesto de su trabajo, pueden en los momentos de asueto elevarse instantáneamente de sus desazones a una armónica condición mental, que nada de la tierra puede mancillar.

Las facultades imaginativas son alas con que nos remontamos rápidamente a la esfera de los inefables goces.

Muy pocos hombres se percatan de la valía de la imaginación, que nos permite substraernos temporáneamente a todo cuanto nos desalienta y enoja, para transportarnos a un mundo ideal donde reinan la armonía, la belleza y la verdad. La potencia imaginativa, debidamente actualizada, mitiga las penalidades de la pobreza y los rigores de la cautividad, pues los que encarcelados escribieron historias o novelas disiparon durante meses enteros el tedio de sus prisiones, porque ni rejas de hierro ni muros de piedra son poderosos a encarcelar la mente. Así Bunyam vivió en un mundo verdaderamente admirable mientras estuvo preso.

Dios nos dio en la imaginación un poderoso medio de distraer los ocios de la invalidez y la reclusión. ¿Os habéis percatado del valor que tienen los libros para un recluso? Lo sacan de su estrecha celda y lo llevan de vuelta en vuelta por todo el mundo.

Hay quienes nunca parecen fatigados. Tienen siempre la mente lúcida, ágil, receptiva y creadora, porque saben refrigerarla por medio de hermosas descripciones mentales.

Conviene enseñar al niño que las fuentes de su gozo son inagotables, y que los placeres mundanos son tan sólo sombra en comparación de los delicados placeres de la mente.

Aunque nos sobrevengan graves infortunios, alas tenemos en nuestra imaginación para substraernos a toda inquietud y hallar paz y sosiego, como águila que, acosada por el cazador, se escurriera de entre sus manos y en un instante remontara el vuelo para verse de nuevo libre en los espacios etéreos.

Dios nos dio el poder de substraernos voluntariamente a todo cuanto nos estorba, humilla y molesta, para instantáneamente rodearnos de ideales condiciones cuya paz y gozo jamás se hallaron en ningún reino de la tierra ni disfrutó monarca alguno.

Dice Ruskin que no tanto le sorprende lo que las gentes sufren como lo que pierden, y que podría proporcionarles infinitos placer y satisfacción.

La mayoría de las gentes no aprovechan ni el diez por ciento de la felicidad posible en su vida cotidiana, porque nadie les enseñó a alumbrar los verdaderos manantiales de gozo. Sus mentes están rasas para todo, menos para las raquíticas plantaciones que la rutina diaria sembró en su tejido cerebral. Tan ignorantes se hallan de sus recursos mentales como los indígenas norteamericanos ignoraban las naturales riquezas del nuevo continente cuando los puritanos desembarcaron en Plymouth. Los indios se limitaban sencillamente a vivir de lo que les daba el suelo y no sabían cómo alimentarse, vestirse y gozar de su propia industria. Estaban yermas sus mentes y vivían en misérrima estrechez, mientras dejaba perder su ignorancia los abundantísimos recursos de las tierras más ricas del globo.

X

PREOCUPACIONES DE LA VIDA

Habla, ¡oh! felicidad. El mundo es demasiado triste sin tu acento. Ningún sendero es enteramente áspero. Busca los parajes amenos y luminosos y habla de ellos al fatigado oído de la tierra, tan herida por la continua violencia del mortal descontento, del pesar y la pena.

— ELLA WHEELER WILCOX.

Al llegar a Nueva York, dijo una señora francesa:

-No parece sino que aquí pidiesen los hombres, desazones a manos llenas.

A lo que otra dama contestó:

-Los norteamericanos son la gente mejor alimentada, mejor vestida y mejor alojada del mundo; pero también son los más inquietos, pues estrechan contra su pecho todas las calamidades posibles.

Dice Emerson:

Me pregunto si la ansiedad y la duda escribieron alguna vez tan legiblemente sus nombres en el rostro de otro pueblo. La vejez empieza en la cuna.

¡Cuán rápidamente gastamos la vida los norteamericanos! ¡Con qué palpitante apresuramiento perseguimos las cosas! Cada quien con quien topamos parece como si fuese el último en llegar a una cita. La premura y la ansiedad están estampadas en las arrugas del semblante nacional.

La mayoría de norteamericanos toman demasiado gravemente la vida. No se solazan ni la mitad de lo que les conviniera. Los europeos miran a nuestro preocupado y grave pueblo como piezas de máquinas que se mueven a forzada velocidad y chirrían por falta de lubricante.

El hombre que vive en perfecta normalidad no debe poner esa cara de acosado y perseguido que muchos ponen, como si un policía o un indagador les pisara los talones. No debe estar hipocondríaco y ansioso a cada momento, ni ha de tomar las cosas tan por lo adusto que no parezca sino que el universo entero esté pendiente del resultado de su labor.

Una vez a la semana las gentes devotas se congregan para alabar a Dios, que hizo las flores, pintó las mariposas y labró tantas maravillas.

No hace mucho tiempo, un joven clérigo predicó un sermón tan melancólico y grave, que todos los fieles quedaron con el corazón en un puño, pues nada les dijo que pudiera enaltecer y estimular su ánimo a más elevados esfuerzos, y así salieron de la iglesia con el desaliento en el semblante, cuando habían entrado resueltos a renovar sus fuerzas para hacer algo más meritorio que hasta entonces. El aspecto del clérigo no era el más a propósito para infundir confianza, pues ponía la cara hosca, y sus modales y actitudes eran tan deprimentes, que daba pena escucharle. Este joven clérigo no tenía curato titular, y aunque era irreprensiblemente honrado y se esforzaba en sofocar los instintos humanos y educir su naturaleza espiritual, seguía para ello procedimientos anormales que entristecían su vida. La verdadera religión no tiene nada de tétrico ni pesimista, porque su verdadera esencia es el amor, la esperanza y el júbilo. Su fin es enaltecer, alentar y exaltar, nunca deprimir.

Bastante carga han de llevar de por sí las gentes para que se entenebrezcan los entendimientos con sombrías y dolorosas representaciones.

El hombre necesita dilatar su fe en sí mismo y en Dios.

Dice Talmage sobre el caso:

Hay gentes que se figuran consolar al triste cuando lloran con él.

No pongáis el alma del hombre en cenotafio, y cuando necesitéis entablillar alguna fractura moral no os sirváis para ello de chapas de hierro colado.

Un poco de esparcimiento no sólo mejorará nuestra salud, sino que acrecentará maravillosamente nuestras potencias.

El placentero recreo nos da mayores bríos, afirma nuestras determinaciones y modifica nuestro concepto de la vida. Parece como si un fluido de alegría y alborozo penetrara en todo nuestro ser para bañar las facultades mentales, limpiar de escorias el cerebro y vigorizar los músculos. Todos hemos experimentado los transformadores, rejuvenecedores y estimulantes efectos del solaz honesto y placentero.

El hombre demasiado embebido en sus negocios o profesión, sin cuidarse de su salud ni de esparcir periódicamente el ánimo, se parece al operario que anduviese remiso en afilar las herramientas.

Solazaos diariamente después del trabajo. Este es el único medio de asegurar el esparcimiento. No pospongáis a nada vuestra felicidad.

Es un lastimoso engaño creer que podemos hacer mayor y mejor tarea en muchas horas de trabajo, distendiendo cuerpo y mente hasta su límite de elasticidad, que trabajando menos horas con menor fatiga, pero con mayor vigor e intensidad.

La copiosa eficiencia y la recia concentración mental son imposibles cuando el cerebro está rendido de fatiga y nos falta el necesario esparcimiento para devolverle su elasticidad.

Muchos hombres capaces de hacer buena labor la dejan mal hecha, porque la mayor parte del tiempo están en condiciones de abatimiento y cansancio.

Nos fue dada la vida para gozar de ella, no para gemir en la violenta lucha por amontonar dinero. La parte material y económica de la vida es tan sólo una añadidura de aquella otra más amplia en que la mente se dilata y el alma libremente se expansiona.

En el mismo trabajo cotidiano podría el hombre encontrar gozo si supiera eliminar de él la parte pesarosa. Muchos fracasan porque se vuelven huraños, reservados y fríos, de suerte que pierden toda simpatía, pues para ganar amigos y prosperar en el negocio es necesario tener el carácter jovial, placentero y amable. Del hombre demasiado serio se dice que tiene cara de pocos amigos, pues parece como si rechazara el trato de los demás. Estos hombres son bruscos y enjutos, porque no se toman el esparcimiento necesario para purificar los humores y dar conveniente lubrificación a cuerpo y ánimo.

Muchas personas parece como si tuvieran suspendida de un hilo sobre su cabeza la famosa espada de Damocles, con amenaza constante de herirles en medio de sus solaces y diversiones. Nunca disfrutan de nada sin algo de sinsabor, como si a todos sus festines los hubiesen de turbar sombras espectrales.

Divino don es el ánimo placentero que desprecia los reveses de fortuna y sonríe frente a la desgracia. El mismo hado se rinde a la influencia del hombre jovial. El que se mantiene alegre en la tribulación es más afortunado que si poseyera las riquezas del rey sabio. En manos de todos está tener la nobleza y magnanimidad necesarias para no apartar jamás el rostro de la luz.

XI

EL CULTIVO DE LA FELICIDAD

La rosa no es ni más ni menos que una berza cultivada.

Conozco a una señora a quien hace tiempo operaron para extirparle un tumor y que, desde entonces, no sabe hablar de otra cosa que de la operación soportada, como si fuese el único hecho de su vida que le sirve de pretexto para excusar sus errores domésticos.

¡Cuántas gentes se resisten a desechar sus penas! Han vivido tanto tiempo con ellas, que las tratan con familiaridad de compañero y parece como si se complacieran en hablar de ellas, de la propia suerte que los enfermos hablan de sus dolencias.

Pocos echan de ver que la felicidad es susceptible de muy extenso cultivo y se figuran que no es posible eludir la influencia hereditaria ni alterar las condiciones del carácter.

Una de las más difíciles experiencias de la vida es la que nos enseña que, en gran parte, somos producto de nuestros pensamientos, cuya eficacia, añadida a la educación y al medio ambiente, influye en la vida mucho más intensamente que la herencia. Científicamente hablaba san Pablo al decir: "Transformaos por la renovación de vuestra mente."

El cerebro se modifica según las impresiones que recibe y muda sus condiciones de actividad en correspondencia con las establecidas por el individuo. Tiene el cerebro mucha fuerza de adaptación, como lo demuestran los efectos que en su funcionamiento producen las distintas profesiones, pues cada una de éstas despierta en él distinta modalidad activa y educe determinadas facultades con peculiares características.

En tiempos primitivos era muy primitivo también el cerebro humano, porque sólo se le exigía actividad para la manutención y conservación fisiológica del individuo: pero poco a poco se le fueron exigiendo más variadas funciones, hasta llegar a su actual complejidad.

Cada exigencia de la civilización ha evocado un nuevo aspecto funcional del cerebro, adaptado a las modernas necesidades.

Hay quienes creen que el cerebro no es susceptible de notables alteraciones, sino que está limitado y fijo por la herencia; pero tenemos numerosos ejemplos de gentes que lo modificaron hasta el punto de robustecer determinadas facultades congénitamente débiles o deficientes por falta de ejercicio.

Si, por ejemplo, consideramos el valor, veremos que muchos hombres célebres carecieron en su infancia de esta cualidad; pero el fomento de la confianza en sí mismo, la influencia de una acertada educación, el espectáculo de valerosas proezas y la continua representación mental del valor, lo edujeron y vigorizaron.

Muchos que apenas hacen cosa de nota en el mundo podrían llevar a cabo proezas mentales con sólo despertar sus dormidas facultades y acrecentar y extender su natural capacidad, mediante la cultura científica del cerebro.

Es muy curioso que mientras la generalidad de las gentes se creen obligadas a emplear algunos años en el estudio de una profesión determinada, no cuiden de fomentar su felicidad, que les parece independiente de toda educación y estudio especial, mientras que para todo lo demás en la vida no reparan en hacer toda clase de sacrificios, por costosos que sean.

Gran cosa es el arte de cultivar la felicidad, de modo que hallemos placer en las comunes experiencias de la vida cotidiana.

Tan necesario nos es acostumbrarnos a la felicidad, como al trabajo y a la honradez. Porque excelente cosa es volver la espalda a la sombra y dar el rostro a la luz, por débil que resplandezca.

La mayor parte de las gentes infelices lo son por haber contraído poco a poco el hábito de lamentarse de frivolidades y verlo todo sombrío.

Este hábito es siempre nocivo, pero todavía más cuando se contrae en los primeros años de la vida, porque esclaviza a su víctima y le pervierte los impulsos hasta hacer crónico el pesimismo.

Nada contribuye tanto al pleno éxito como el hábito de ver las cosas por su más brillante aspecto. Cualquiera que sea vuestro destino en la vida, en cualquier infortunio o amargura en que os veáis, formad la firme resolución de sacar el mejor partido posible de cuanto os suceda. Así acrecentaréis vuestra aptitud para descubrir el aspecto luminoso de las experiencias que diariamente se os deparen. Resolveos a ver las cosas por su más alegre faceta; pues, no obstante las pésimas circunstancias que puedan rodearos, siempre os brindarán sus puntos de apoyo si acertáis a descubrirla. El don de excitar el júbilo, aun en las más adversas condiciones de vida, es de mayor provecho para la juventud que las riquezas sin él. Formaos el propósito de ser optimistas sin mezcla de pesimismo, para llevar con vosotros la luz doquiera vayáis.

La placidez de ánimo es ya de por sí medicina de maravillosa eficacia. Las buenas noticias y alegres nuevas producen mágico efecto aun en los impedidos. No es raro que un alma luminosa transmute por su sola influencia el modo de ser de un hogar, un taller o una fábrica.

Gran cosa es ir siempre por doquiera con la sonrisa en los labios. Pensemos cuán intensamente se acrecentarían los puros goces del vivir, si de continuo viéramos seres radiantes de esperanza y cariño, pues verdaderamente dan lástima tantos jóvenes de rostro grave, triste y taciturno. ¿Por qué la vida juvenil ha de estar apesadumbrada por la ansiedad, la inquietud y el tedio? No convienen a la gente moza los cabellos grises, los surcos del semblante, la tristeza y la hurañería. Si viviésemos normal y armónicamente, seríamos jóvenes aun en la vejez y la juventud no quedaría prematuramente estigmatizada por canas y surcos.

Dice Ruskin:

La jovialidad es tan natural en el hombre sano, como el color de sus mejillas; pues la habitual taciturnidad proviene o de la viciada atmósfera o de los alimentos malsanos, de la penosa labor o de las malas costumbres.

Por su parte añade Florencia Morse Kingsley:

Estoy resuelta a no consentir que de hoy en adelante invadan mi mente la ansiedad, el temor y el abatimiento.

Podemos educar la voluntad de tal suerte, que enfoque nuestros pensamientos sobre el aspecto luminoso de las cosas y sobre todo cuanto eleva el alma, para formar con ello un hábito de bondad y de dicha que fertilice nuestra vida.

Hemos de buscar la felicidad ajena como un deber en beneficio propio y la felicidad propia como un deber en beneficio ajeno. Sin buena conducta y tranquila conciencia no puede haber felicidad.

¿Cuándo aprenderán los hombres que la excitación nerviosa, los abusos y excesos de todo género dan por único resultado una reacción de desaliento acompañado del menosprecio de sí mismo? La verdadera felicidad depende de la hombría de bien y está amasada con la amabilidad, la gentileza, la benevolencia y el auxilio.

Dice un notable escritor:

La felicidad es la mayor paradoja de la naturaleza. Crece en todos los terrenos y medra bajo todas condiciones. Prevalece contra el medio ambiente. Brota de nuestro interior. Es la revelación de las profundidades de la vida interna, como la luz y el calor revelan la presencia del sol de que irradian. La felicidad no consiste en tener, sino en valer; no en poseer, sino en disfrutar. Es el cálido fulgor de un corazón en paz consigo mismo. Un mártir atado al poste puede ser más feliz que un rey sentado en su trono. El hombre crea su propia felicidad, que es como el aroma de la vida armonizada con elevados ideales. Porque lo que un hombre tiene depende de los demás, y lo que vale radica en él mismo. Lo que obtiene es tan sólo una adquisición; lo que alcanza es perfeccionamiento. La felicidad es el gozo que experimenta el alma en la posesión de lo intangible. Menos trabajo cuesta ser feliz que parecerlo.

Todos tenemos el deber de mostrarnos amables, cariñosos y solícitos en el trato con el prójimo, pues no sólo iluminaremos su vida, sino que la refleja acción de nuestro esfuerzo en este sentido contribuirá a desenvolver aquella exquisita personalidad, aquella hermosura de carácter y serenidad de ánimo en que consiste la mejor y más valiosa riqueza.

Añade sobre el particular otro autor:

¡Alegraos! Cuando hayáis dicho cuanto hay que decir acerca de la tristeza de la vida, de las penas, desengaños, egoísmo e injusticias que planean sobre la tierra como tenebrosas sombras; cuando lamentéis lo breve de sus días y lo largo de sus noches, todavía persistirá la bendita verdad que al universo estremece con un canto de alegría.

Alegraos con la hermosura de la primavera, el azul de los cielos, el gorjeo de las aves y el esplendor de los ocasos. Escuchad las risas de los pequeñuelos;

corresponded al cordial saludo de la amistad; calentaos a la amorosa lumbre de mil hogares felices, y estad seguros de que sobre todo esto alienta el inmenso amor de Dios que lo actualiza. Reparad en los nobles caracteres vivientes en torno vuestro que, no obstante la vulgaridad de su condición social, son altruistas, valerosos y sinceros. Echad de ver los callados y ocultos sacrificios, las oleadas de compasión que cubren al necesitado, al débil y al desvalido, y decid, si podéis, que el reino de Dios no adviene al corazón de los hijos de los hombres.

¡Oh! desechad la melancolía, la pena y el lamento. Colaborad en la obra del Redentor, confiad en sus promesas, y alegraos.

Uno de los mejores medios de lograr éxito es contraer desde la juventud el hábito de pensar que ha de sucedernos lo mejor y no lo peor; que no somos pobres y miserables criaturas perseguidas de uno y otro lado por los enemigos de nuestra dicha, sino que hemos sido creados para la felicidad, y que no estamos en el mundo para ser presa del tedio ni para forjar sombrías imágenes, sino para representarnos los más brillantes y placenteros idealismos.

No queráis leer, ni oír, ni ver nada que turbe la paz de vuestro ánimo o perturbe la armonía de vuestra mente.

Sobre este propósito dice Ella Wheeler Wilcox:

Cultivad una modalidad filosófica de pensamiento, y si no tenéis lo que apetece vuestro gusto, gustad de lo que tengáis hasta que os sea posible alterar las circunstancias. No malgastéis energías en mirar con aversión la vida; hallad en ella algo digno de disfrute y goce, mientras os esforzáis en convertirla a vuestro anhelo. Sobre todo y ante todo, acostumbraos a ser felices día tras día, porque el pensamiento es cuestión de hábito, y no podréis enseñarle a ser feliz en un momento, si durante años consentisteis que fuese miserable.

No hemos de permitir por más tiempo en nuestra mente pensamientos sombríos o discordantes, como no permitiríamos que un ladrón asaltase nuestra casa; pues peor que ladrones son tales pensamientos, ya que nos roban nuestro sosiego, contento y felicidad. Es casi imposible expulsarlos, una vez dentro; pero es relativamente fácil impedirles de nuevo la entrada, una vez conocido el secreto de su expulsión. Hemos de saber que estos enemigos no tienen derecho de entrometerse en nuestra conciencia, y así hemos de tratarlos como agresores y rechazarlos instantáneamente, sin consentir que impriman sus siniestras imágenes en nuestra mente.

Nada se desperdicia en el mundo tan pecaminosamente como las lágrimas, y deberíamos avergonzarnos de ser infelices, de la propia suerte que nos avergonzaríamos de ir sucios y desastrados. Ambos estados denotan un desidioso abandono a las impurezas de la vida, en vez del enérgico esfuerzo con que habríamos de desembarazarnos de ellas.

Cualquiera que sea nuestra profesión o empleo, todos estamos en el deber, con nosotros mismos y con el mundo, de fortificar el hábito de felicidad, que significa armonía, y ésta, a su vez, entraña el saludable funcionamiento del organismo corporal y la mayor eficiencia posible de sus actividades. Las potencias mentales dan de sí, en estado normal, el máximo de rendimiento, y por lo tanto, en mantenerlas sin disturbio estriba nuestro más seguro ahorro y más provechoso empleo, pues afianza la mayor actividad de cuerpo y mente.

Muchas naturales aptitudes se malogran por no tener en cuenta que todo elemento de discordia, como el temor, el tedio, el egoísmo, el odio y la envidia, es un asesino de nuestra salud y nuestra dicha. Así muchos hombres gastan más vitalidad y energía mental en pocos minutos de excitación colérica, que las que les fueran necesarias para atender durante días enteros a sus negocios.

Decía Massillon que la salud y el júbilo son al cuerpo humano como el sol a las plantas. El hombre habitualmente triste o melancólico lo está porque en su mente predominan pensamientos de igual naturaleza, y si altera la índole de los pensamientos, alterará también sus resultados, porque la disposición mental es un hábito no muy difícil de alterar.

Dice sobre el caso M. J. Savage:

Según demuestra la experiencia de los siglos, la felicidad es sencillamente la armonía de una vida ordenada, y cada vez que infringimos una ley física, mental o espiritual, entorpecemos las posibilidades de felicidad; de la propia suerte que cada vez que estropeamos un instrumento musical lo inutilizamos para que produzca su peculiar sonido.

Y añade Margarita Stowe:

Si con frecuencia meditáis y reflexionáis sobre ella, la felicidad llegará a ser habitual en vosotros y os dará mucho poder para el bien. Todos somos capaces de fomentar el hábito de ver las cosas por su más luminoso aspecto y todos podemos ejercitar la voluntad de modo que el pensamiento se convierta a los objetos convenientes a nuestro mejoramiento y felicidad, en vez de convertirlos a los que darían opuesto resultado.

Podemos contraer el hábito de felicidad disfrutando de los menudos placeres de cada día, sin esperar el goce de intensas emociones.

Un autor dice sobre el particular:

Tan sólo de cuando en cuando aparece un cometa en el firmamento; pero el fulgor del sol es una bendición cotidiana, y muy cándida sería la planta que para florecer esperase la aparición de un cometa. De la propia suerte, no habéis de esperar que cada día os suceda algo muy gozoso; pero sí disfrutaréis cotidianamente de multitud de menudos goces. Intensificadlos cuanto podáis.

La felicidad no está envuelta en el misterio ni viene del acaso, como algunos se figuran. Por el contrario, es una de las cosas más prácticas del mundo.

Muchas gentes desaprovechan los verdaderos goces de la vida y miran con desdén las modestas violetas y humildes florecillas, en su afán de alcanzar soberbios ramilletes. Se esfuerzan penosamente en obtener intensos goces, sin advertir que la felicidad de la vida consiste en el disfrute de multitud de menudos placeres; y puestos sus ojos en lo imposible de lograr menosprecian los goces más seguros, aunque de menor monta. Precisamente el ahínco con que perseguimos lo insólito nos incapacita para disfrutar de lo cotidiano y frecuente. No ha de parecer la vida desolada y triste porque no colme los rosados ensueños de la edad juvenil sino, en todo caso, por no haber contraído hábitos de felicidad, de modo que sepamos tomar las cosas según vienen. Por lo general no aprovechamos la más mínima porción de dicha que se nos ofrece.

Tal vez os quejéis de que vuestra vida es rutinaria, vulgar, sosa, sin sabor ni aroma; pero junto a vosotros habrá quienes lleven el mismo género de vida y, sin embargo, gocen la felicidad en ella y sientan que la vida es una gloria y no una pena. Para ellos será alegría el mismo trabajo que para vosotros es tormento. Encontrarán en él los goces que en vano buscaréis vosotros. Esto consiste en que no habéis aprendido a ver lo sublime en lo vulgar. Hay quien descubre, mayor gloria en la hierba hollada por vuestros pies y en las humildes florecillas desdeñadas por vuestra mirada, que la que pudierais hallar en los jardines de un rey. Hay quienes en un hogar de suelo desnudo y rasas paredes hallan más puros goces que otros en un soberbio palacio, porque en el modesto hogar moran el amor, el contento y la dulce simpatía, mientras que en el palacio tal vez aniden el egoísmo, la codicia y el sinsabor. Miles de gentes han contraído firmemente el hábito de vivir contrariados y displicentes sin causa que lo justifique, que nada les parece bastante para hacerlos felices.

XII

LOS GOCES DE LA
AMISTAD

¿Quién no conoce los goces de la amistad fiel, constante y tierna, que por igual comparte entre uno y otro la alegría? Es la amistad nuestra única riqueza, nuestro último refugio, nuestra postrera fuerza. Es la defensa contra el infortunio y las asechanzas del mundo.

La íntima amistad revela los profundos secretos de nuestros corazones. ¿Hay en el mundo algo más sagrado que la inegoísta y devota amistad? Sin embargo, en vez de cultivarla y mantenerla menospreciamos su valía con nuestra negligencia.

Una de las razones de que muchas gentes tengan pocos amigos es que se muestran tan parcos en dar como afanosos en recibir; pero quien fomenta cualidades amables y atractivas se ve rodeado de sinceros amigos.

Por lo general atendemos, ante todo, a nuestro negocio, sin advertir que también debiéramos considerar como negocio la amistad y conceder a nuestros amigos una parte del tiempo. ¿No lo merecen acaso?

Nada en el mundo más hermoso que la seguridad de tener amigos cariñosos, fieles, serviciales, cuyo afecto no dependa de las vicisitudes de fortuna, sino que más todavía nos amen en la desgracia que en la prosperidad. La confianza en los verdaderos amigos es un perpetuo estímulo, pues nos alienta y anima para portarnos lo mejor posible cuando sentimos que en nosotros creen y esperan, mientras hay quien nos ataca por no entendernos. En verdad, no hay estímulo ni ayuda ni gozo más eficaces e intensos que los de la amistad íntima y sincera. Bien dijo Cicerón:

Si la amistad desapareciera de la vida, fuera lo mismo que si se apagara el sol, porque nada mejor ni más deleitoso hemos recibido de los dioses inmortales.

Gran cosa es tener amigos entusiastas que se interesen constantemente por nosotros y por nosotros trabajen en toda ocasión, alentándonos con estimulantes palabras siempre que convenga, y que, al propio tiempo soporten nuestras impertinencias, escuden nuestras debilidades, deshagan las calumnias y mentiras que nos perjudiquen, desvanezcan las malas impresiones, nos pongan en buen lugar cuando necesitemos quien nos defienda en ausencia, desbaraten los prejuicios levantados por algún error o tropiezo y estén siempre dispuestos a nuestro mejoramiento y auxilio.

¡Qué figura tan deslucida haríamos muchos de nosotros si no fuese por nuestros amigos! ¡Cuán mala y turbia fama tendríamos muchos de nosotros, a no desviar nuestros amigos los crueles golpes que el mundo nos asesta y verter el salutífero bálsamo de la amistad en nuestras heridas! Aun en el orden económico no prosperaríamos sin el apoyo de la cohorte de amigos que nos proporcionan clientes, trabajo y negocios para desembarazarnos todo lo posible el camino.

Gran alivio de nuestras flaquezas, errores, defectos y tropiezos son los verdaderos amigos que disimulan nuestras faltas y cubren con el manto de la amistad nuestras imperfecciones.

Ciertamente que fuera este mundo estúpido, árido, ingrato, desolado y frío sin los amigos que en nosotros creen, aunque los demás nos detracten; sin los amigos que nos aman, no por lo que tenemos, sino por lo que somos.

Los que nos estiman y en vez de contrariar favorecen la confianza que hemos de tener en nosotros mismos, reduplican nuestra eficiencia, pues ante ellos nos sentimos con fuerzas suficientes para llevar a cabo cualquier tarea. Tal fue el secreto de la maravillosa actividad de Felipe Brooks, que, henchido de profunda fe en las posibilidades humanas, despertó en algunos jóvenes de mediana posición las fuerzas latentes en su interior, de modo que se sentían gigantes en su presencia, por el estímulo que les daba para realizar lo que de otro modo no se hubieran creído capaces. Tenía Brooks la dichosa facultad de infundir en las gentes el sentimiento de la propia dignidad, que afirmaba la confianza en las fuerzas personales, acrecía su entusiasmo por el bien, les convencía de lo vil y despreciable de mirar hacia abajo, pudiendo mirar hacia arriba; de arrastrarse, pudiendo volar; de sumirse en bajezas, cuando tan altas obras les era posible realizar. Su presencia animaba al tímido, decidía al vacilante y transmutaba en positivo al negativo.

¿Quién será capaz de estimar el valor de tan enaltecedora influencia? El verdadero amigo nunca nos molesta con la representación de nuestra inferioridad o flaqueza, sino que, por el contrario, nos empuja para ayudarnos a subir.

El amigo sincero influye poderosamente en el rumbo de nuestra vida, y gracias al leal sentimiento de amistad se libraron muchos de la desesperación y no desistieron de luchar por la victoria. ¡Cuántos vencieron la tentación del suicidio al pensar que alguien les amaba y en ellos creía! Muchas vidas tuvieron su punto de salvación en el apretón de manos o en la alentadora palabra de un amigo.

Una de las obras más meritorias es favorecer con nuestra amistosa asistencia a quien, falto de dignidad y de dominio propio, se sume en algún vicio. Sé de un hombre que, esclavo de la bebida, se vio despreciado aun por su propia familia y le abandonaron sus padres y esposa; pero un amigo se le mantuvo fiel en tan ingratas circunstancias y le siguió de cerca en sus nocturnas disipaciones, logrando salvarle más de una vez de la muerte cuando el alcohol le embotaba los sentidos. Vencido el hombre por la cariñosa solicitud de tan firme amistad, recobró su cordura y determinóle a que la enmienda de su vida le abriese las puertas del hogar. ¿Hay en el mundo oro suficiente para pagar semejante amistad?

¿Quien, cuando la justicia lo exige, oculta la verdad por no apenar a un amigo, es menos valioso que el rigurosamente justo, franco y sincero. La verdadera amistad no puede apoyarse en la simulación y el engaño. La sinceridad es el meollo del verdadero amigo.

Para emprender un negocio ¿qué capital aventaja en valor a la abundancia de amigos? Muchos comerciantes, hoy en plena prosperidad, hubieran desmayado ante las dificultades de la lucha en los momentos críticos de su vida, a no ser por la amistad sincera que les levantó el ánimo.

Nadie puede disfrutar verdaderamente de la vida sin los goces de la amistad, ni es posible que coseche frutos si permanece enteramente aislado, porque el valor de la vida está en el cariñoso trato y afable comunicación con nuestros semejantes.

Alguien ha dicho que la infelicidad es el hambre de adquirir y la felicidad el hambre de dar.

La amistad no es individual negocio, sino intercambio de cualidades anímicas, pues la verdadera amistad ha de ser recíproca y no es posible que quien lo reciba todo sin dar nada experimente los goces de la plena e íntima amistad.

Muchos viven con el corazón apenado porque se retraen de sus amigos y no advierten que la amistad es salutífero bálsamo para multitud de dolencias psíquicas. La tierna simpatía del amigo tiene poder sobrado para desvanecer las sombras de la desesperación con el fulgor de la esperanza y la alegría.

Hay quienes se sienten solos en la vida y suspiran por ganar amigos y obtener el amor y estimación de los demás; pero todos los esquivan y rehuyen su trato, porque hay en su persona algo que repele. Estas gentes son, por lo general, muy quisquillosas y altaneras y les sorprende verse rehuidas y esquivadas, sin acertar a descubrir que en sí mismos está la causa de semejante desvío.

En la amistad entra por mucho la admiración; y así hay quienes no son capaces de ganar amigos porque carecen de las cualidades a propósito para estimular otras igualmente nobles en los demás. Quien esté cuajado de defectos no espere interés de nadie. El despiadado, intolerante, huraño, egoísta, mezquino e hipócrita no se aquistará jamás la simpatía de los caracteres magnánimos, nobles y generosos.

El temperamento jovial, el deseo de difundir gozo y alegría y de auxiliar a todo el mundo son elementos maravillosamente favorables a la amistad. Las virtudes que enriquecen el corazón han de dimanar del dulce, luminoso y saludable temple de alma.

Hay gentes que por doquiera que van difunden luz y gozo y disipan las sombras e iluminan los apesadumbrados corazones.

¡Cuán pronto alcanzaríamos la plenitud de los goces si viésemos un hermano en el ser más infeliz y mirásemos a todo el mundo con la caritativa mirada que descubre la imagen de Dios en el hombre más vil, un filántropo en el más tacaño, un héroe en el más cobarde, y dijésemos: "No condenéis a este hombre. Hay en él algo divino que alguien puede evocar."

Si queréis ser felices, tened el carácter franco y amable y el espíritu gozoso. No escatiméis la cordialidad, el auxilio y la cortesía. Dad a todo ser humano lo mejor de que dispongáis cuando la ocasión lo requiera. Tratad afablemente a cuantos os rodeen, portaos generosamente y veréis con sorpresa cómo se dilata vuestra vida y se explaya vuestra alma y toda vuestra naturaleza se realza y enriquece. No temáis decir a vuestros amigos que los amáis y señaladles las cualidades que admiráis en ellos; pero no os envanezcáis demasiado de vuestra amistad. No los entibiéis privándolos de vuestra comunicación con prolongadas ausencias o dejando de visitarles cuando os sea posible.

Tan sólo hallará su vida quien la pierda y regiamente la dé en amoroso y auxiliador servicio. Esta es la siembra que rinde abundosa cosecha. Quien recibe cuanto puede sin dar nada, no conoce la verdadera riqueza. Es como labrador que recelase de esparcir la simiente, creído de que reteniéndola en las trojes habría de ser más rico. No lo entrega al suelo porque no acierta a ver la cosecha en la siembra. Más que lo adquirido por nosotros mismos en el mundo, nos importa el auxilio que para adquirir hemos prestado a los demás.

Sin duda que Abraham Lincoln fue el hombre más rico de toda América, porque se entregó enteramente a su país y no quiso vender sus aptitudes al mejor postor ni codiciaba pingües emolumentos. Lincoln vive en la historia porque pensó mucho más en sus amigos (y lo fueron todos sus conciudadanos) que en el lucro personal. Se dio a su patria como el labrador prudente da la semilla a la tierra; y ¡cuán copiosa cosecha ha rendido aquella siembra! Nadie la verá consumida.

Uno de los más tristes aspectos de nuestra acérrima vida americana es la terrible sofocación de la amistad por cuantos van a caza del vil metal. ¿Hay algo más desolador en este mundo que tener mucho dinero y ningún amigo leal? ¿De qué sirven los éxitos puramente materiales si para lograrlos hemos sacrificado la amistad y los más valiosos tesoros de la vida? Podremos tener multitud de conocidos, pero los conocidos no son amigos. Hay muchos ricos que apenas conocen el lujo de la verdadera amistad, pues no merece este nombre el postizo afecto que nos halaga en la prosperidad, mientras podemos dar dinero o influjo, y nos olvida en el infortunio. La verdadera amistad es tan constante en las tinieblas de la desgracia como en los esplendores de la dicha.

Valiosas cualidades de carácter demuestra quien abre fácilmente su ánimo a la amistad y en ella persevera igualmente en prósperas o adversas circunstancias, porque los malvados y los tontos son incapaces de inspirar firmes amistades. Podemos confiar, por lo general, en el hombre que nunca vuelve la espalda a los amigos, pues el desleal no es capaz de sentir la verdadera amistad.

Hemos de estimar la valía de los amigos, según la influencia que ejerzan sobre nuestro espíritu. Dice Hillis que el destino está determinado por la amistad y que un joven puede asegurar o comprometer su porvenir según las amistades que mantenga o desdeñe. Los amigos íntimos matizan nuestro carácter y tomamos su color, sea blanco o negro, y nos asimilamos sus nobles o viles cualidades. Dice a este propósito Carlos Kingsley:

Los hombres son falsos, si conviven con mentirosos; cínicos, si con desvergonzados; ruines, si con avaros;

vanidosos, si con presumidos; y, en general, se asimilan los vicios de las gentes de su intimidad.

Únicamente podemos adquirir lo que damos. Los amigos son la cosecha de la sembrada amistad. Si la simiente es pobre, también lo será la cosecha, pues para tener abundancia de buenos amigos es preciso sembrar también abundantemente la simpatía, la solicitud, la admiración, el servicio y el amor. La sincera amistad puede enriquecer y alegrar nuestra vida más intensamente que todos los tesoros de Indias.

Dice Ella Wheeler Wilcox:

Siempre pensé que la amistad es camino de la dicha, y que un espíritu amplio es capaz de muchas y verdaderas amistades, pues cada amigo nos atrae por distinto motivo. Los amigos son los libros del corazón. El amigo serio es un tratado de filosofía; el jocoso, un libro humorístico; y lo mismo puede decirse del poeta, el novelista y el historiador. Pero así como en una biblioteca no hay libro incompatible con otro en nuestra mente, así tampoco los amigos se excluyen mutuamente de nuestro corazón.

Sin embargo, el pesimista dirá que toparemos con falsos amigos cuya mentida amistad nos desilusiona con mayor pena que gozo pudiera darnos la verdadera, y así nos aconsejará precavernos contra el despertar de un mal sueño.

A pesar de todo, tuve mi opinión y contraje muchas amistades. Se rompieron algunas y sufrí por ello; pero entre todas, penetró en mi corazón una tan intensamente fiel, que allí quedó para siempre. En el amigo sincero y digno de la verdadera amistad está el camino de la verdadera y perdurable dicha.

Shakespeare nos enseña a distinguir entre el amigo verdadero y el falaz, diciendo:

Quien de veras sea tu amigo, te socorrerá en la necesidad, llorará si te entristeces, no podrá dormir si tú velas y compartirá contigo las penas del corazón. Estos son signos seguros para distinguir al fiel amigo del adulador enemigo.

XIII

LA DILACIÓN DEL GOZO

Agua pasada no muele molino.

Un ambicioso joven se propuso emplear la primera mitad de su vida en reunir un millón para disfrutarlo descansadamente durante el resto de sus días. Al efecto, resolvió sacrificar todos sus gustos en aras de este inquebrantable propósito y eliminar todo cuanto pudiera estorbarlo. Reprimió en el fondo de su corazón su apasionamiento por la música y contuvo sus aspiraciones a la belleza y el arte con esperanza de satisfacerlas cumplidamente cuando para ello dispusiera de abundantes medios.

Sin embargo, amasado ya el primer millón ambicionó otro más y quiso seguir trabajando hasta tener dos millones, que una vez alcanzados acrecentaron su pasión de tal modo, que ya no tuvo bastante con adquirirlo, y aunque resolvió detenerse allí y disfrutar de sus riquezas, muy pronto echó de ver que estaba bajo el azote de la ambición y persistió en sus afanes de mayor fortuna, sofocando los delicados impulsos de su naturaleza superior, hasta que, al fin, logró un día dar de mano a sus avarientos apetitos y se dispuso a gozar tranquilamente de su fortuna.

Pero muy luego advirtió que había perdido todo gusto por lo que le excitaba en su ardorosa juventud. Quiso viajar, y sorprendióse al ver que las obras maestras de arquitectura, pintura y escultura, en que tan deleitosamente había soñado, eran libros cerrados para su mente, porque sus facultades estéticas estaban tan atrofiadas, que ya no respondían a ningún estímulo.

Resolvió entonces rodearse de amigos que alegraran el resto de sus días; pero también el sentimiento de la amistad estaba atrofiado por falta de ejercicio, pues había sacrificado a sus amigos en aras del interés. En vista de estos fracasos se acogió a la música, su primer amor, creído de que aún lo conservaría, y fue a la ópera, con igual fracaso, pues la falta de aplicación había amortiguado sus facultades musicales. Así pasó de una a otra diversión con intento de disfrutarlas, y pudo convencerse de que nada le satisfacía, ni siquiera los punzantes placeres de la vida disipada. Había perdido toda aptitud para el goce y su fortuna era un sarcasmo. Había sacrificado juventud, amistades, arte, salud, literatura y música y se encontraba como arañacielos devastado por las llamas, como viejo riquísimo, pero impotente para disfrutar de su fortuna. Tenía dinero y nada más. Esta especie de hombres lo son únicamente por la figura, pues las cualidades que constituyen la verdadera hombría, por las que es el hombre imagen de Dios, quedan consumidas en la lucha por el dinero.

Tiempo vendrá en que a estos opulentísimos egoístas se les trate como enemigos de lo más elevado, noble, delicado y puro de la vida humana. No siempre han de adorar los hombres el becerro de oro.

El único medio de ser felices consiste en aprovecharnos de las menudas ocasiones que nos va ofreciendo el curso natural de la vida. Si día tras día y año tras año diferimos nuestros legítimos goces hasta mejorar de posición o tener una fortuna, defraudaremos la capacidad de gozar en el porvenir y lamentaremos en la vejez no haber disfrutado de la vida tal como de día en día se nos presentaba.

Vemos algunas veces jóvenes entrados pobremente en la vida que durante años y años trabajan como negros sin darse el más leve gusto, absteniéndose de paseos, teatros, excursiones, libros y aun de cuanto pudiera acrecentar su cultura, por el afán de ganar dinero en espera de tener con él plena ocasión de divertirse. Pero les engaña el pensamiento de que al cabo del año mejorará la suerte de su vida; pues también al año siguiente, cuando esperaban darse algún regalo, les asalta la ambición de retenerse por más tiempo, y así van difiriendo de año en año los goces de la vida.

Llena está la América del Norte de gentes que, por ansia de riquezas, sacrificaron salud, familia, descanso, recreo, amistades y toda oportunidad de instruirse. ¿Que pago tuvieron? Miles de gentes son neurasténicos, fracasados, sin amigos ni hogar, y todo ello por ambición de acaparar mayor riqueza.

Algo tienen de espantosos los sacrificios que los norteamericanos hacemos y el precio a que pagamos nuestras fortunas. A menudo topamos con hombres que tienen dinero y no otra cosa. ¿Vale la pena de sacrificar lo mejor de la vida por adquirir unos cuantos miles de pesos? ¿Has reflexionado, hombre codicioso y egoísta, en lo que pierdes por el camino de las riquezas? ¿No echas de ver que mientras te afanas en sobrepujar en riquezas a tus émulos, estás perdiendo algo infinitamente más precioso? Justo es querer ganar y aun algo guardar; pero no atesorar afanosamente sacrificando nuestra vida para ello.

La naturaleza guarda inapreciables reservas y nos permite tomar cuanto necesitamos, con tal que satisfagamos su valor; pero muchas veces damos cosas muchísimo más valiosas en cambio de las que tomamos.

El hombre que sostiene el hábito de gozarse en placeres inocentes y dilatar e iluminar su vida con la audición de música selecta, la vista de raras obras de arte, el estudio de la naturaleza y la lectura de inspirados libros, será mucho más simpático que quien posponga todo goce de la vida a la acumulación de una fortuna. Nada más engañoso que la suposición de hacer mañana lo que pudimos y no quisimos hacer hoy.

Dice muy bien la señorita Muloch, en una de sus obras:

Nadie comprende su dicha hasta que la pierde y echa de ver que ya es demasiado tarde para hacer cuanto pudo y no hizo.

¡Cuántos pasan los mejores años de su vida absteniéndose de todo recreo, esclavos de sí mismos, en la más tacaña economía, con esperanza de disfrutar de todo más descansadamente en el porvenir! No debemos gastar en diversiones más que el sobrante de nuestro presupuesto, dedicándolo, después de atendidas las necesidades, al solaz y esparcimiento.

El gran secreto de la dicha es gozar de la vida según la vayamos pasando. Por ardua que sea nuestra labor, algo encontraremos en las experiencias cotidianas que dilate, amplíe y enriquezca nuestra mente. Cada día añadirá con ello una nueva apostilla de belleza y alegría antes de que sobrevenga el mañana, pues no es natural que una parte de la vida esté repleta de gozo y la otra parte quede árida y desolada.

Dice un moderno escritor:

Tanto me daría cazar mariposas por oficio como embotellar rayos de luna en previsión de noches nubladas, porque el único medio de ser feliz es recoger las gotitas de felicidad que Dios nos da cada día de nuestra vida. El niño debe aprender a ser feliz mientras se aplica al estudio; el aprendiz mientras se ejercita en su oficio; el mercader mientras amasa su fortuna, so pena de perder toda posibilidad de disfrutar cuanto hayan adquirido.

Cuenta una leyenda oriental, que un poderoso genio prometió valiosísimo regalo a una hermosa doncella si atravesaba un trigal, y sin detenerse ni retroceder ni ladearse lograra arrancar la mayor y más madura espiga, siendo la recompensa proporcionada al tamaño y lozanía de la que arrancase. Atravesó la muchacha el trigal viendo a su paso muchas espigas que invitaban a la siega; pero siguió adelante con la esperanza de encontrar una que a todas sobrepujase, hasta llegar a la opuesta linde del trigal sin haber arrancado ninguna.

Esta leyenda pinta fielmente la conducta de muchos hombres, que dejan lo cierto por lo dudoso. En una noche oscura y en sitio peligroso vale mucho más una linterna de mano que doce estrellas.

El niño que va a la clase superior de la escuela primaria cree que será feliz cuando ingrese en segunda enseñanza; el alumno de instituto sueña en pasar a la universidad; el universitario anhela graduarse; el licenciado suspira por la bendita hora en que podrá ejercer la profesión, y el que ya ha empezado a ejercerla sólo piensa en ganar mucho dinero y edificarse casa propia; pero cuando esta ocasión llega, aplaza indefinidamente el goce de poseerla porque todo el tiempo se lo absorben los negocios y no puede ocuparse en realizar lo que tanto deseaba.

Sólo es feliz el hombre que sabe extraer la felicidad de las positivas condiciones en que se encuentra y no de las imaginarias e ideales. Quien haya descubierto este secreto no esperará que varíen las circunstancias ni demorará su dicha hasta el año próximo o hasta que sea rico, sino que sacará todo el partido posible de su situación actual.

Dice oportunamente el canónigo Farrew:

Si queremos ver el color de nuestro porvenir, hemos de buscarlo en nuestro presente. Si queremos mirar la estrella de nuestro destino, hemos de buscarla en nuestros corazones.

La mayoría de los hombres pasamos la vida con los ojos puestos en una lejanísima meta por cuyo alcance nos estropeamos los nervios. En nuestro camino debiéramos saborear las indescriptibles bellezas de cielo y tierra y las innumerables oportunidades de ayudar al prójimo en situaciones difíciles, de iluminar y embellecer las cotidianas vulgaridades de la vida;

porque cuando, sin parar mientes en nada de esto, nos dirigimos al punto tomado por límite de nuestra ganancia, acaso obtengamos riquezas y tal vez hayamos satisfecho nuestra ambición a costa de todo cuanto ennoblece la vida, pero no habremos llegado a realizar nada útil ni nada bueno.

Por mucho dinero que tenga un rico, no podrán derivar sus goces de otra fuente que de las cualidades y facultades activamente ejercitadas durante los años de labor. Únicamente se verá feliz si fue bondadoso, considerado, justo y benéfico con cuantos le ayudaron a labrar la fortuna; si cultivó la amistad y el trato social; si fue probo y fiel en sus tratos y no hay ni un dólar mal ganado en su tesoro; si no derribó a otros al escalar la cima de su fortuna y supo fortalecer en su ánimo la benevolencia y la generosidad.

Suyo será lo que haya acumulado; pero la índole del goce dependerá de los hábitos contraídos y de las facultades educidas.

Por lo tanto, si durante veinticinco años estuvo un hombre alentando sus cualidades egoístas y deprimiendo las generosas, no espere que la mera posesión de una fortuna transmute de pronto su carácter y le capacite para gozar de lo que no puede gozarse sin la plena actualización de las cualidades superiores.

Dice un autor a este propósito:

Nuestra conducta respecto de los goces de la vida se parece mucho a la de la huertana con las grosellas. En cuanto abultó el fruto, pidiéronle sus hijos que les diera unas cuantas pero la huertana se negó, diciendo que todavía estaban verdes. Ya maduras, volvieron los chiquillos a pedirlas para postres; pero la madre había resuelto guardarlas para hacer jalea, y cuando llegó la ocasión de cosecharlas quiso antes la huertana concluir una labor que traía entre manos, por lo que no pudo hacer la jalea a su debido tiempo, y al resolverse a ello, ya los ardores del sol, el picoteo de los pájaros y una brusca tempestad habían devastado el fruto.

Así procedemos con las bendiciones, alegrías y dichas que cotidianamente nos renueva la vida. Exclamamos a cada oportunidad: "¡Oh, cómo podría disfrutar de esto, si tuviese lo otro!" Y dejamos perder la ocasión de disfrutarlo. Esperamos el día en que podamos gozar plenamente de nuestra salud, nuestra casa y nuestros amigos; pero, ¿quién nos asegura que tras tantas dilaciones esté todavía el fruto en la planta?

XIV

LOS GOCES

INTELECTUALES Y

ESTÉTICOS

Milton, en su ceguera, vio más hermosas visiones y Beethoven, en su sordera, oyó más celestes armonías que la mayor parte de nosotros podemos disfrutar.

Eliot, rector de la Universidad de Harvard, dijo en cierta ocasión a los estudiantes:

Debéis adquirir aquí la capacidad para el rápido, intenso y sostenido ejercicio de la mente. La vida académica tiene por principal objeto robustecer las fuerzas mentales, de modo que seáis aptos para la observación atenta, la inducción exacta, la previsión sostenida y todo cuanto significa potencia razonadora del hombre. Esta capacidad mental será la primaria fuente de goces intelectuales, de satisfacción y felicidad en el curso de vuestra atareada vida.

Por mi parte, creo que si los hombres refinaran el discernimiento acrecentarían notablemente su felicidad. La mayor parte de las gentes confunden el placer con la felicidad; pero el placer es un goce transitorio y deleznable, mientras que la felicidad es la perdurable satisfacción dimanante del ejercicio de nuestras facultades superiores.

Las mentes ineducadas tienen echado el cerrojo a muchas puertas que, abiertas por la educación, enriquecerían maravillosamente la vida y conducirían a inefable felicidad. ¿Quién es capaz de imaginar lo que para un amante de la belleza significa el abrirle las puertas de sus facultades estéticas? El temprano estímulo del amor a lo bello engrandecerá todo cuanto de hermoso hay en el mundo. Muchos viven inconscientes de la belleza, porque nadie ha estimulado todavía su visión estética.

Tan sólo gozamos de aquello que podemos discernir, y nuestro discernimiento depende de la educación recibida, de las experiencias pasadas y de las inclinaciones congénitas.

La música que a unos embelesa, deja indiferentes a otros. Un paisaje, un esplendoroso ocaso, una obra maestra de arte, conmoverán de gozo el corazón de un Ruskin y no arrancarán la más leve vibración de un hombre vulgar.

Todo tiene en la vida su secreto significado, pero únicamente lo descubre el alma que se pone en afín correspondencia con él.

La música no encontrará respuesta en oídos sordos, sino tan sólo en los que están musicalmente educados y por la apreciación de las leyes de la armonía y la melodía sean lo bastante receptivos para interpretar su divino significado. Por miserables y adversas condiciones que nos rodeen, por mucha que sea nuestra desgracia, siempre podemos remontarnos sobre ellas a un ideal de inefable gozo. Imaginemos lo que significa la actividad de la mente para los inválidos, tullidos, reclusos y enfermos. En alas del pensamiento puede atravesar el encarcelado las rejas de su calabozo. Así escribía Lovelace a Althea desde la cárcel:

Ni los muros de piedra hacen un calabozo, ni los barrotes de hierro una jaula, porque la mente tranquila y sosegada toma esto por una ermita.

Las creadoras facultades intelectuales del hombre le permiten escapar a las más desconsoladoras y angustiosas circunstancias porque el alma humana no puede quedar encerrada en cárceles ni apesadumbrada por el infortunio. No hay desastre tan irremediable que impida al hombre remontarse a un mundo creado por su propia mente; y sin embargo, nadie cuida en las escuelas y universidades de enseñar a los jóvenes la posibilidad de forjarse por sí mismos un mundo ideal y placentero.

La contemplación de una flor, una planta, un paisaje, una puesta de sol, avivaba la llama que ardía en el alma de Ruskin y revelaba en su interior un nuevo mundo, que no sólo henchía de gozo su vida, sino que le capacitaba para infundir la dicha en los demás. Una vez que logra el alma humana abrir la puerta del discernimiento, no hay poder alguno capaz de cerrarla ni de limitar las posibilidades que despierta. Refería Benjamín Wert que su madre le besaba en premio de los dibujos que espontáneamente trazara cuando niño, y que aquellos besos le habían revelado el mundo de la belleza, afirmando en él, la vocación a la pintura.

Al ver Corregio por vez primera la Santa Cecilia de Rafael, sintió un impulso interior que le hizo decir: "También yo soy pintor." Así muchas almas de artista se inflamaron de entusiasmo al contemplar una obra maestra que actualizó sus hasta entonces latentes facultades estéticas. Seguramente es el arte uno de los más puros y elevados elementos de la felicidad humana, pues embellece la vida y educa la vista por medio de la mente y la mente por medio de la vista.

La belleza es una fuerza refinadora, realzante y salvadora. El amor a lo bello denota superioridad mental, y quien lo siente se eleva desde el sentimiento vulgar de la vida al más refinado idealismo donde vislumbra a Dios.

Durante toda nuestra juventud se nos están abriendo nuevas puertas de gozo, ya por insinuación de un amigo, por la lectura de un libro interesante o por la propia acción de nuestro pensamiento. Así dijo Jorge Herbert, que al hombre le sirven más criados de los que se figura.

Los placeres sensuales son como escoria en comparación de los goces deparados por el maravilloso reino del pensamiento. La mente sana y bien educada no tiene ni un instante de estupidez o desaliento, y puede substraerse a cuanto le rodea y recogerse en sus más íntimos pensamientos para crear un mundo ideal con el poder de sus propias facultades.

Los monarcas de la tierra, con toda su pompa, nunca gozaron tan intensamente como goza hoy el pensador en la lectura de hermosos libros que le ponen en trato espiritual con los más ilustres sabios, de modo que le comuniquen ideas, emociones y enseñanzas. ¿Qué son los placeres ofrecidos por la riqueza material, si se comparan con los tesoros asequibles a la cultivada mente del más mísero hombre del mundo? Como dice

Epicteto, nadie puede privarnos de los goces intelectuales.

Se da mucha importancia a la influencia del medio ambiente, pero lo cierto es que de nosotros dependen, en gran parte, la felicidad o la desgracia, pues el más modesto obrero, si dispone de tiempo para instruirse en las bibliotecas públicas, puede estudiar los más insignes poetas y leer los más conspicuos historiadores, que le revelarán cuanto ocurrió en el pasado; los biógrafos le referirán las vidas de quienes, vencedores de la miseria y el dolor, lograron inmortalizar su nombre.

La mejor ganancia es la del que tiene por suprema ambición intensificar su vida por medio de la cultura de mente, cuerpo y alma, de modo que respondan todas las fibras de su ser a las benéficas y auxiliadoras influencias que de su alrededor le lleguen.

Los favorecidos por las ventajas de la educación no encontrarán más puro goce que el de enseñar a quienes, faltos de dichas oportunidades, anhelan enriquecer y dilatar su vida.

Admirable ejemplo da el adulto que aprovecha cuantas ocasiones se le deparan de contemplar la deficiente educación recibida en la niñez para hacerse hombre completo.

Abundan de tal modo los elementos de cultura en esta época de libros baratos, bibliotecas populares y escuelas nocturnas, que nadie puede excusarse válidamente de aprovechar las facilidades que se le ofrecen para su progreso intelectual. Nada nos proporcionará mayores satisfacciones en la vejez que las aficiones intelectuales vigorizadas en la juventud, de modo que el perfeccionamiento individual resulte poco menos que espontáneo. No ha tenido la historia época que, como la presente, dé tanta importancia a la educación y en que el saber haya influido tan poderosamente en el acrecentamiento de la valía individual, enriquecida con tesoros que ninguna contingencia puede arrebatar ni desgracia alguna consumir.

Todo ser normalmente constituido siente ansias de expansión, mejoramiento y adelanto, que hemos de procurar no reprimir. El hombre ha nacido para ir más allá, para lograr la paz interior, el equilibrio de la mente. Loable ambición es la de mejorar de día en día, de ir dilatando los horizontes del conocimiento, de perfeccionar el carácter y añadirle algo más de prudencia y sabiduría con anhelo de transponer los límites de lo vulgar.

Según como eduquéis vuestra mente y según la índole de vuestros pensamientos, así serán los frutos que coseché is de la vida. De vuestras aptitudes depende entresacar belleza, utilidad y gozo de las circunstancias en que os halléis, por vulgares, áridas, mezquinas y prosaicas que os parezcan. Quien piense que la vida apenas le ofrece cosas de valía, es que aún no descubrió el secreto de entresacar de ella sus goces, bellezas, verdades y amores. El alma amante de la belleza puede gozarla dondequiera, pues no sólo se halla en las maravillas que nos descubre el microscopio y en los portentosos arcanos que el telescopio revela ante la rasa mirada del hombre al hundirse en las profundidades del espacio.

Las posibilidades de dicha que en nuestros días hemos descubierto y utilizado son, respecto de la mente humana, lo que el pobre sembrado de los indios a las copiosísimas riquezas del continente americano. Por completo renovaríamos nuestra vida si aprovecháramos lo que no sabemos utilizar por desconocimiento de su valía. Lo que el hombre más inteligente aprovecha no es nada en comparación de lo que desperdicia.

Por doquiera dirijamos la vista podemos ver portentos de utilidad y belleza, para cuyo estudio no bastaría toda una existencia.

Dice Ruskin:

Ver cómo crece el trigo y cómo apuntan las yemas; echar el resuello sobre el arado o la azada; leer, pensar, amar y orar; esto da la felicidad a los hombres.

Más completamente estimaríamos las oportunidades que se nos deparan, si tuviéramos en cuenta lo que un ciego enamorado de la belleza daría por un vislumbre del maravilloso mundo que para él está cerrado y abierto para nosotros. ¿Qué no daría por recobrar la vista, siquiera fuese temporáneamente, y recorrer esta hermosa tierra para saciarse de sus bellezas? ¿No gozaría inefablemente un ciego de ver las flores y contemplar con sus abiertos ojos los paisajes que nosotros desdeñamos por demasiado vistos? Infinito placer le daría explorar un océano de humanos rostros y descubrir en ellos el estado de ánimo; pero, ¡cuán pocos sabemos estimar tan señalado privilegio!

Todo deseo, todo anhelo, toda aspiración de los humanos tiene su adecuada providencia en la admirable obra de la creación, y no hay motivo para que la vida nos parezca tan árida y vulgar, cuando podría ser tan sublime.

El amor a lo bello es una cualidad fundamental de la mente humana. Se manifiesta primero en las rudas galas del salvaje y se va refinando a medida que progresa la civilización. El hombre no fue creado para vivir y morir míseramente como burlesco maniquí de la imagen divina, sino para vivir con la regia magnificencia debida a su naturaleza.

Los viajes ofrecen indescriptibles goces al hombre que ha logrado actualizar sus facultades mentales. Cada planta, cada flor, cada nuevo ejemplar del mundo vegetal, las puestas del sol, los paisajes son para él jeroglíficos en que se cifra el pensamiento de Dios.

Si un hombre de exquisita cultura viajase en compañía de otro embotado por la rutina de una existencia monótona, ¡cuán distinta sensación despertara en ellos la vista de las escenas de la naturaleza! Uno vería el dedo de Dios en cada hoja y un divino mensaje en cada flor, y su alma se llenaría de gozo a la vista de los paisajes amenos, de los espléndidos ocasos, de todas las maravillas de la creación, mientras las ineducadas facultades del otro no responderían a las bellezas naturales de los países que recorriese, pues tan sólo están en actividad las células cerebrales que presidieron sus unilaterales ocupaciones y todas las demás permanecen latentes y perezosas por falta de estimulador ejercicio. Para un hombre así muy poco significan los viajes.

Por lo tanto, la alegría del vivir, el goce de la vida, está en nosotros y no fuera de nosotros. La facultad de estimar y apropiarnos los goces intelectuales y artísticos nos eleva sobre las multitudes, semejantes a estúpidos rebaños que andan, comen y duermen sin ir más allá de la satisfacción de los apetitos animales.

Pero la falta de dinero no es mayor inconveniente para el pensador que de todo linaje de flores liba la miel de la vida y sabe emplear con acierto sus ojos y oídos. Las circunstancias no influirán gran cosa en quien tenga los sentidos despiertos y la mente sana en cuerpo sano, porque será rico de por sí quien sea rico en carácter, aunque pobre en bienes materiales; su idealismo y cultura suplirán en parte su falta de medios. La rectitud de pensamiento y la educación mental nos adueñarán de lo mejor que en el universo exista.

XV

LOS FRUTOS DE LA LECTURA

Tres cosas necesita el hombre para ser feliz: la bendición de Dios, libros y un amigo.Lacordaire. Si en cambio de mi amor a la lectura viera a mis pies los tronos del mundo, rehusaría el cambio.

—FENELÓN.

Escribe sir John Herschel:

Un herrero de aldea compró la novela de Richardson titulada Pamela o la virtud recompensada, y acostumbraba a sentarse sobre el yunque en las largas tardes del verano para leer en voz alta ante numeroso y atento auditorio que, a pesar de no ser corta, escuchó con interés la novela del principio al fin, y tanto deleite les causó el feliz desenlace de la acción, que prorrumpieron todos en aclamaciones de júbilo.

Los buenos libros dilatan y esclarecen la vida de multitud de gentes. Acaso no haya otra fuerza tan poderosa como la lectura para aliviar al apesadumbrado de su desdicha, al afligido de sus dolores, al triste de su pena y al abyecto de su degradación. Los libros son compañeros del solitario, amigos del desamparado, solaz del tedioso, contento del descorazonado y sostén del desvalido. Son luz que desvanece las tinieblas y fulgor solar que disipa las sombras. ¡Cuántos pobres miserables, olvidados del mundo, se consolaron de su pobreza y hallaron remedio de su necesidad, alivio de su pena y reparo de sus melancólicos pensamientos en la lectura de un libro excelente!

Muy cierta es la creciente carestía de la vida; pero nunca como ahora pudieron los proletarios adquirir a tan poco coste el alimento intelectual, procurándose los mejores libros, gasto que tiempo atrás hubiera sido inaccesible a ellos por lo crecido, pues jamás como ahora fueron tan baratos los productos de la mente. Hace un siglo, únicamente los ricos podían adquirir las obras maestras de la literatura, que hoy lleva la imprenta a los más modestos hogares.

Muchos que deploran no haber visto mundo ni haber realizado cosa alguna de provecho, no se percatan de que en su mano está conversar a poca costa con amigos de principal categoría que hubieran sido recibidos con palmas en los palacios. No te apenes si la pobreza o el infortunio te apartan del trato de los afortunados, pues sin tomarte la molestia de mudar de traje para asistir a reuniones de etiqueta podrás pasar la velada en compañía de los más ilustres personajes del mundo y tratarte sin encogimiento ni timidez con los magnates de la mente.

Dice Ricardo Cobden:

Los más puros placeres de que he disfrutado son los asequibles a todo el mundo y estriban en el tranquilo trato con los talentos preclaros, en la comunicación con los pensadores insignes por medio de los libros al amor de la lumbre.

El aislamiento motivado por imposibilidad física, precaria situación social o misantropía, tiene su compensación en la lectura de las obras legadas por los más insignes autores del mundo.

Decía Gladstone sobre el particular:

Los libros son compañía muy deleitosa, y aun sin abrirlos parece como si desde los estantes hablaran con vosotros y os dieran la bienvenida al entrar en una biblioteca.

Cuéntase de Bunyan que durante el tiempo de su prisión se absorbió de tal suerte en la lectura de El viaje del peregrino, que a menudo caía de rodillas y se le arrasaban los extáticos ojos en lágrimas de gozo. Su imaginación convertía aquella cárcel en hermoso palacio y las paredes de la celda no bastaban para aprisionar su feliz espíritu.

Dice Petrarca:

Tengo amigos de agradabilísimo trato, de toda época y país, que se han distinguido igualmente en la ciudad y en el campo y merecen señalada honra por sus conocimientos científicos. Nada me cuesta ponerme al habla con ellos, porque siempre están a mi servicio y los admito o despido según me place. Nunca se turban y al punto responden a mis preguntas. Unos me enseñan cómo he de vivir y otros cómo he de morir. Unos distraen mis cuidados con su viveza y me regocijan el ánimo, al paso que otros fortalecen mi mente y me estimulan a reprimir mis apetitos y confiar únicamente en mí mismo. Me abren los caminos de las ciencias y artes, y por sus consejos me prevengo contra cualquier contingencia. En pago de tan valiosos servicios, sólo me piden un modesto estante donde reposar en paz, pues más les gusta la tranquilidad del retiro que el bullicio mundano.

De aquí la importancia de escoger los libros, pues fácilmente inferiremos de la selección el carácter del hombre, su grado de cultura y buen gusto. Los libros de nuestra biblioteca delatan lo que somos y lo de que gustamos.

Mas para muchas gentes es la lectura un medio de disipación mental, pues no leen con propósito de instruirse y perfeccionarse, sino tan sólo por pasatiempo y recreo. La lectura sin propósito definido embrutece y fastidia, en vez de instruir y deleitar.

La lectura provechosa requiere tres condiciones principales, a saber: intención, atención y retención. Conviene advertir a este propósito que la palabra retención deriva etimológicamente de la latina rete, que significa red; y así como por entre las mallas de este aparejo pueden escurrirse los peces menudos y de escaso valor, así también la mente ejercitada en la retención deja escapar las frivolidades para retener en la memoria únicamente lo más importante.

Dijo Bacon, que la lectura completa al hombre; pero esto sólo debe entenderse así cuando es provechosamente instructiva.

Los que leen por puro pasatiempo debieran escuchar estas sabias palabras de Milton:

Quien lee continuamente sin espíritu de inquisición ni juicio crítico, queda tan movedizo e inseguro como antes. Es erudito, pero necio.

Si anheláis vuestro perfeccionamiento, leed con el propósito de refinar vuestro gusto, sutilizar vuestra imaginación y enaltecer vuestros ideales. Leed libros alentadores que levanten vuestro ser a definidos propósitos; que os determinen a ser cada día mejores, a representar algo y a hacer alguna cosa de mérito en el mundo. Cinco minutos diarios de lectura reflexiva bastarían para familiarizarnos en cinco años con los maestros de la literatura universal.

Dice Dwight Hillis a este propósito:

La literatura pesimista es uno de los obstáculos que impiden el avance de la felicidad humana, cuyo flujo debería inundar la tierra, pues en la actitud mental del hombre se refleja necesariamente el espíritu de los libros que lee.

Añade otro escritor:

En su obra Los placeres de la vida, enumera sir John Lubbock unos cuantos libros tan sumamente excitantes del apetito mental, que sugieren la idea de retirarse a un tranquilo rincón y quedarse allí embebido en su lectura.

Los libros permiten a todo hombre empezar su labor en el punto en que la dejó la generación precedente, pues encuentra reunidos cuantos elementos de estudio fueron descubriéndose hasta hoy día, como si cada autor le dijese al recién llegado: "Aquí te ofrezco el fruto de las investigaciones de toda mi vida en ciencia, arte y literatura."

Unos nos legan sus estudios sobre la vida y costumbres de los animales; otros sobre los viajes y exploraciones; y sin gran dispendio puede el estudiante novicio saborear el fruto de toda una vida dedicada al trabajo intelectual, aprovechándose de los resultados de muchos años de paciente estudio en determinada modalidad del saber humano. A poco coste adquirimos lo que a sus primeros poseedores les costó indecibles sacrificios de tiempo y dinero en porfiada lucha con la pobreza y la fatiga.

Gran parte de nuestros conocimientos útiles son el fruto interpuesto de las hojas de los libros que leímos y releímos en las bibliotecas escolares; pero como estos libros son de todos y no siempre podemos disponer de ellos, es en extremo conveniente que cada cual tenga una biblioteca propia, aunque no sea muy copiosa, pues casi todos los hombres de valía leyeron en su juventud pocos y escogidos libros, con tan detenida atención, que asimilaron por completo los principios, enseñanzas y finalidad en ellos contenidos como estímulo de altísimas empresas.

La lectura de buenas y ejemplares novelas es un magnífico medio de educar y fortalecer la imaginación, pues acrecienta de admirable manera su potencia descriptiva y la mantiene lozana con ventajosa utilidad en la vida.

Aparte de las novelas, son los relatos de viajes muy a propósito para solazar la mente, y también convienen los libros de poesía y tratados de historia natural y ciencias amenas.

La lectura y estudio de poesías ofrecen tanto interés como las bellezas naturales, pues muchas de las mejores poesías interpretan la naturaleza, enseñan al lector a contemplarla con nuevos ojos, y a sentir el encanto de sus bellezas.

Entre todos los libros, los de poesía inspiran con mayor ardor a la mente humana, y así se ha definido la poesía diciendo que es la más exacta expresión de los más altos pensamientos.

Dice Shelley a este propósito:

La poesía despierta y dilata la mente al convertirla en receptáculo de mil incoercibles combinaciones de pensamiento. La poesía levanta el velo que encubre la belleza del mundo y ennoblece los objetos vulgares.

Dice un aficionado a la lectura:

Cuando considero lo que algunos libros han hecho y están haciendo por el mundo, cómo alientan nuestra esperanza, estimulan nuestro valor, confirman nuestra fe, alivian las penas, ofrecen un ideal de la vida a los que desmayaban en la frialdad y aspereza de un hogar sin cariño; enlazan épocas distantes y aproximan tierras lejanas, crean nuevos mundos de belleza y nos traen la verdad de los cielos, no puedo yo menos de bendecir eternamente tan inestimables elementos de felicidad.

Los libros dilatan nuestra mente, pues por su medio nos entregan los siglos sus más valiosos tesoros, y aunque nos veamos en aflictivas circunstancias, podemos abstraernos de ellas por la lectura. Todas las naciones ponen a nuestra disposición sus más valiosos tesoros literarios sin apenas esfuerzo de nuestra parte.

Ninguna recreación tan asequible como la lectura ni placer alguno tan duradero. Los buenos libros realzan el carácter, depuran el gusto, despiertan repugnancia hacia los placeres groseros y nos levantan a una superior esfera de pensamiento y acción.

Decía Carlyle que una colección de libros es una universidad, y lástima da que multitud de hombres, anhelosos de éxito, no comprendan la valía de la lectura para suplir la falta de instrucción universitaria.

El siguiente sucedido entre dos amigos demuestra que, con un poco de abnegación, es posible formar una modesta biblioteca:

-¿Cuánto te cuestan todos los libros? Yo no puedo tener ni siquiera las revistas más leídas.

-Te diré. Esta biblioteca me cuesta un cigarro diario.

-¿Cómo eso?

-Muy sencillo. ¿Te acuerdas de cuando hace algunos años me dijiste que bien podía darme el gusto de fumar cada día un cigarro? Pues por entonces leí que un joven había formado una biblioteca empleando en libros el dinero que otros quemaban en tabaco, y pensé que bien podía yo hacer otro tanto. Dejé de fumar cada día un cigarro de cinco centavos y con el dinero ahorrado me fui comprando estos libros. De esto hace seis años, y si sacas la cuenta, verás que pude ahorrar 109,50 dólares. Conque tú hubieras hecho lo mismo, estarías mejor de salud y, por añadidura, poseerías una buena biblioteca.

Rodeaos de buenos libros, pues parece como si formaran un ambiente de inspiración y auxilio y a su solo contacto absorbiéramos cultura, acostumbrándonos a ver en ellos amantes compañeros de agradable y placentero trato.

Dice sobre el caso Ricardo Le Gallienne:

... Un hombre indocto no tiene más que leer unas cuantas novelas de buenas costumbres para que se le despierte la afición a la lectura, varíen por completo sus gustos y eche de ver cuánto puede encontrar en los libros... Una biblioteca no puede formarse de antemano por medio de una lista de libros comprados de una vez. De esta suerte tendríamos libros, pero no biblioteca; porque también en una librería hay muchos libros y una librería no es una biblioteca, sino que ésta es una ordenación de libros escogidos en concordancia con el carácter de su dueño. Es la morada de su espíritu y la edifica paralelamente con el progreso de su vida mental.

Un hombre sin libros es, a juicio de Cicerón, como cuerpo sin alma. Macauly prefería la compañía de sus libros a la de los hombres más eminentes de la época, a pesar de que nada le faltaba de cuanto dan la riqueza, la posición social y el talento. Gibbon declaraba que no trocaría su amor a los libros por todos los tesoros de la India.

Dice un autor:

Los libros son, a la par, nuestro manjar deleitoso y nuestro pan cotidiano y han de ser de primera necesidad para nuestra dicha. Son nuestros confidentes favoritos, nuestros guardianes, consejeros y seguros consumidores de nuestros ocios. Nos acarician en la pobreza y nos consuelan en la miseria.

Es de capitalísima importancia desviar a los niños de la malsana lectura de novelas pasionales, así como de las morbosas descripciones de crímenes y miserias humanas en los relatos periodísticos, y de las aberraciones literarias hoy en moda, cuyos horribles cuadros quedan grabados en sus tiernas y receptivas mentes.

Muchos hombres encontraron en los libros el consuelo de sus conturbadas vidas, como si con ellos tuviesen el cielo en la tierra y dieran solaz, sosiego y paz a su ánimo.

Cuando nos sentimos cansados de la vida y parece como si todo se conjurara contra nosotros, podemos invocar el socorro de los más eminentes escritores del mundo, seguros de que en sus obras hallaremos descanso y refrigerio. El más humillante ciudadano puede invocar la presencia de Shakespeare o Emerson, que en sus obras le darán cuanto de mejor tengan.

Decía Oliverio Goldsmith:

La primera vez que leí un libro interesante, me pareció como si hubiese ganado un nuevo amigo y a la segunda lectura creí encontrarme con un antiguo amigo.

Bien pudiera decirse que tan sólo viven a medias quienes no gustan de libros. Una biblioteca de cien volúmenes escogidos equivale a cien puertas que de par en par se abren a perspectivas de infinitos goces.

XVI

ALQUIMIA MENTAL

La sonrisa es una verdadera fuerza vital, la única capaz de mover lo inconmovible.

Le preguntaba a su padre el hijo de un cortijero:

-¿Qué quiere decir optimista?

Y el cortijero respondió:

-Mira, Juan, yo no puedo definirte esta palabra ni muchas otras, según el diccionario; pero si quieres tener idea de lo que significa optimista, acuérdate del tío Enrique, pues conjeturo que si algún optimista hubo en el mundo fuélo él. Todo le salía bien, y especialmente lo que de más trabajoso había de hacer y que hacía gustoso.

Una de las cosas de mayor repugnancia para mí era cavar la tierra en pleno sol de verano, y cierta vez que me rezagaba un poco en el campo, me clavó los ojos tu tío Enrique, y me dijo: "¡Muy bien, Jaimito! Cuando hagamos estas dos filas de surco, tendremos medio hecha la pieza." Y dijo esto en tono tan cariñoso, que no me hubiera sentido yo tan halagado de estar ya listo el trabajo.

Pero la faena más fatigosa para mí era la de limpiar de piedras el campo; y sin embargo, el tío Enrique la miraba como si fuese la cosa más divertida del mundo. Una vez, luego de cavada la tierra, nos mandó nuestro padre a quitar piedras, y estaba yo a punto de rebelarme, cuando me dijo tu tío Enrique:

-Ven, Jaime. Nos vamos a divertir en grande.

Y me llevó al campo y nos pusimos a jugar con las piedras tirándolas a lo lejos como en pedrea y fingiendo al encontrarlas que eran pedazos de oro, con lo que al cabo de la jornada estaba limpio de ellas el campo, sin cansancio ni aburrimiento por nuestra parte.

Una mente optimista es como prisma que absorbe irisados colores de las cosas invisibles para el pesimista. Pero el prisma no crea los colores del espectro solar, porque sintetizados están en la luz difundida por doquiera ante nuestros ojos. El prisma separa los colores y los hace perceptibles a la vista.

Todo hombre habría de tener una lente optimista que le permitiese distinguir lo excelente en lo vulgar y le revelara cuantas bellezas existen a su alrededor. Muy pernicioso es andar entre las gentes con semblante que denote el desencanto en vez del gozo de la vida. Deplorable cosa es ver a quienes van por el mundo sudando hieles y todo les parece siniestro, porque sólo reparan en lo horrible, tedioso, áspero y pésimo. Hay gentes que únicamente advierten lo desagradable, maligno y perverso. El pesimismo siempre destruye y nunca construye. Necesitamos gentes que rebosen de gozo y aparten la vista de lo amargo y perverso para admirar la belleza y perfección de este mundo de Dios y no el mundo fabricado por la culpa, la discordia y la enfermedad. Necesitamos gentes que sepan ver en el hombre la pura, limpia, sana y saludable imagen de

Dios y no el horrible, enfermizo, discorde y grotesco hombre adulterado por los malos pensamientos y las culpables acciones.

¡Oh! qué abundancia de bienes atesora un alma luminosa. No os separéis del júbilo doquiera que vayáis y en lo que quiera que os ocupéis, porque será el lubrificante que suavice los rozamientos y desvanezca los pesares de la vida. Envidiable patrimonio es un rostro sonriente capaz de difundir alegría por doquiera que vaya, de disipar las sombras, consolar corazones afligidos y enaltecer las almas sumidas en la desesperación.

De mayor poderío que la hermosura y la riqueza dispone un alma jubilosa. Desechad y sepultad, antes que os sepulte a vosotros, todo lo que os cause desdicha, discordia y tedio, todo cuanto entorpezca vuestra libertad.

Probablemente, muchos de nuestros lectores habrán oído hablar de Pepe el Risueño, el optimista lisiado de Long Island, que estuvo cuatro años metido en un armazón a causa de una deformidad del espinazo, y sin embargo, era el muchacho más feliz del hospital.

La prueba del carácter está en mantenerse jovial, sereno y esperanzado aun en la desgracia; fácil es mostrarse gallardo y optimista en plena salud y prosperidad, pero se requieren heroicas cualidades para persistir en la misma disposición cuando nos asaltan adversas circunstancias.

Necesitamos gentes placenteras, de esperanza y júbilo henchidas, pues ya estamos hartos de rostros larguiruchamente tristes, de fría mirada y aspecto desabrido. La jovialidad es uno de los mayores taumaturgos del mundo, porque vigoriza la entereza del hombre, duplica y triplica su poder y da nuevo valor a la vida. Nadie fracasó hasta perder la jovial y optimista esperanza en el éxito de sus empresas.

Edificadores de naciones son los hombres que, como Emerson, creen que toda injusticia tiene reparo y todo anhelo del alma satisfacción; los que miran las cosas por su luciente aspecto y descubren atractiva belleza donde otros sólo ven repugnante fealdad; los hombres convencidos de que la marcha del mundo está sujeta a un capital y benéfico principio que hacia los cielos lo impele; los hombres que creen en un Dios ordenador de todas las cosas en sucesión infinitamente superior a cuanto nosotros pudiéramos proyectar; los hombres que, confiados en el divino principio regulador del universo, no intentan alterar sus efectos; los hombres convencidos del triunfo definitivo de la verdad sobre el error, de la armonía sobre la discordancia, del amor sobre el odio, de la virtud sobre el vicio, de la luz sobre las tinieblas y de la vida sobre la muerte.

El que sabe rodearse de un ambiente de paz y armonía, aun en medio de las más turbulentas y tenebrosas circunstancias, ya no necesita aprender nuevas lecciones de cultura.

Después de todo, esta paz y serenidad han de dimanar del dominio de la mente y del conocimiento de que tan sólo es verdadero lo real y lo bueno, porque Dios lo inspira; y que todo lo demás es falso, porque no lo inspira Dios.

Pensemos siempre en el bien; rechacemos el mal; mantengamos la mente tan henchida de lo bueno, lo verdadero y lo bello, que no hallen allí sitio sus contrarios. Si en nuestro interior no hay armonía ni amor a la justicia, bondad, verdad y belleza, no podrán resplandecer en nuestra conducta. Si no llevamos dentro del alma la belleza, no la encontraremos en ninguna parte.

Brown daba siempre gracias a Dios por los beneficios recibidos, no obstante las adversidades que le habían sobrevenido durante su vida, pues perdió casa, familia y bienes de fortuna. Sus amigos se maravillaban de que, a pesar de todo, tuviese motivos de gratitud, a lo que respondía tan jovial y optimista como siempre:

-¡Bah! Aunque todo lo haya perdido, he de agradecer a Dios que me haya dejado un diente arriba y otro abajo.

Un hombre que viajaba en ferrocarril acertó a sentarse junto a una anciana que, de cuando en cuando, tomaba una botella del maletín, y sacándola fuera de la ventanilla, derramaba algo que parecía sal. Movido de curiosidad, preguntóle a su compañera de viaje qué significaba aquella operación, y la señora respondió:

-Pues son simientes de flores. Hace ya muchos años que cuando voy de viaje tengo la costumbre de esparcir simiente de flores a lo largo de la vía, sobre todo en los parajes más áridos e incultos. ¿Ve usted esas hermosas flores que hay al otro lado del terraplén? Pues hace muchos años que derramé yo la simiente al viajar por esta misma línea.

Dice un autor:

¡Esperanza, jovialidad y alegría! Derramadlas por doquiera que vayáis como rosas en vuestro camino. Dadlas a cambio de rencores e insidias y trocadlas por pullas y quejas. Comunicadlas por la mañana a vuestros compañeros de trabajo y llevadlas por la tarde a vuestra familia. Infundidlos en el enfermo y el afligido. Siempre y por doquiera habéis de calentar con cristiana alegría los fríos hogares y los duros corazones.

La jovialidad, en circunstancias sombrías, es como luz del sol que disipa las tinieblas de la noche al amanecer del nuevo día. Es inestimable la influencia de un espíritu jovial. Así como basta una gota de aceite para apagar el chirrido de un eje o de un gozne, así un simple rayo de sol basta para desvanecer la sombra. Y así como la benéfica e inspiradora influencia de la luz solar, tan necesaria a la salud del cuerpo, llena de regocijo la naturaleza toda y enardece el alma del hombre, de la propia suerte un semblante jovial ilumina los ajenos corazones y vigoriza a cuantos le miran y de él reciben ánimos para vencer los obstáculos que se les interponen en el camino.

Dice un escritor:

El semblante jovial en que se refleja la dicha es un don indistintamente propio del pobre y del rico, del joven y del viejo. Todos tienen derechos titulares a este don y todos pueden complacerse en él. Está escrito en idioma universalmente comprendido y envió un mensaje que nadie puede rechazar.

Cuando estamos alegres todo nos sonríe y parece como si la naturaleza entera participara de nuestra alegría y el mismo sol y las flores reflejasen nuestro júbilo; pero si estamos melancólicos y taciturnos, todo cuanto nos rodea toma el mismo tinte y nos parece profundamente cambiado, a pesar de que la naturaleza permanece inalterable.

Cuando la sonrisa se apaga en nuestros labios, forja la mente horribles imágenes y queda infestada de dudas, temores y alucinaciones. Cuando la resolución se marcha, viene el desorden; cuando el júbilo sale, entra la melancolía.

Si algo necesita esta nuestra demasiado seria civilización son hombres de temperamento siempre jovial. Lo mismo cuesta poner semblante risueño que ir de un lado a otro con rostro tempestuoso; y sin embargo, ¡cuán diversamente influiremos, según el caso, en quien nos vea, pues todos reciben la ayuda o sufren el estorbo que de nosotros dimana!

Pasaron los tiempos en que predominaban las gentes ceñudas, adustas y severas. La melancolía se tomaba entonces por signo de espiritualidad; pero ahora se la considera como sello de una mente enferma. No es distintivo de religiosidad, porque la verdadera religión está llena de esperanza, optimismo, placidez y benevolencia. La religión es alegre, gozosa y bella. No son cristianas la discordancia y la tristeza. Las enseñanzas de Cristo nos hablan del fulgor del sol, de los lirios del campo, de las aves del aire, de las montañas, valles, árboles, colinas y arroyos.

Desechad la melancolía. Alegraos. Aquietad las turbaciones de vuestra mente y no penséis más en ellas, sino en las cosas placenteras. Agradeced lo que de bueno tengáis y sed amables.

Dice Emerson:

No colguéis de las paredes cuadros siniestros ni converséis de cosas sombrías y melancólicas.

Si vais por ahí con rostro taciturno, demostraréis que la esperanza ha muerto en vosotros y que habéis fracasado en la vida. Adoptad aquella divisa del reloj de sol que dice: "Sólo señalo las horas de luz."

Nada hay tan valioso en la vida como el olvido de las cosas desagradables, de cuanto nos causó pena y fue obstáculo de nuestro mejoramiento. Quien posee este arte es del todo independiente de lo que le rodea y puede ser feliz en su misma pobreza, en circunstancias prósperas o adversas, regocijándose cuando los demás están tristes y disfrutando mientras los demás se desazonan.

No ha sido creado el hombre para la discordancia, sino para la armonía, la belleza, la verdad, el amor y la dicha. Su manifestación ha de ser entera, no fragmentaria, completa, no incompleta.

No se tarda mucho en aprender que el bien excluye el mal, que lo superior prevalece contra lo inferior y que toda emoción mayor vence a otra menor.

Muy conveniente es el arte de mirar hombres y cosas por su más luminoso aspecto, pues el mundo es como un espejo que refleja nuestra personalidad, y si reímos también ríe nuestra imagen y si lloramos aparece el reflejo con triste semblante.

O hemos de pasar la vida calamitosa y miserablemente o hemos de sobreponernos a las menudas molestias que conturban a muchas gentes. Aprendamos el hermoso arte de alegrar todas las cosas y contraigamos el hábito de volver en bien las pruebas de la vida, pues de cada persona con quien nos relacionemos nos será posible asimilarnos algo que acreciente nuestro tesoro espiritual. Toda experiencia entraña una lección. ¿Por qué no aprovecharla?

Oigamos cómo explica una mujer dedicada al negocio la interesante prueba por que pasó:

Al salir cierta mañana para mi diaria labor, determiné poner a prueba la fuerza de los pensamientos jubilosos, pues durante largo tiempo había sido yo adusta, ceñuda y pesimista, por lo que dije: "He observado a menudo los saludables efectos corporales de una placentera modalidad mental y quiero probar si mi rectitud de pensamiento influye en los demás." Esto fue, al principio, pura curiosidad; mas, según iba por la calle, se fortaleció mi propósito y me imaginé que era feliz y que las gentes me trataban bien. El resultado de estos pensamientos fue sorprendente, porque me pareció como si me levantaran del suelo y anduviera por el aire con más gallarda apostura y paso más ligero. Sonreía de satisfacción, y al mirar a los transeúntes y ver en su semblante reflejados la ansiedad, el descontento y el mal humor, se volvió mi corazón hacia ellos con deseo de infundirles el júbilo que invadía todo mi ser.

Al llegar a la oficina saludé a la tenedora de libros con una frase amable, que, por mi cortedad de ingenio, no me hubiera ocurrido en diferente disposición de ánimo, y esto nos puso a las dos en cordialidad durante todo el día, pues la tenedora de libros sintió la influencia del saludo. El director de la compañía en que yo estaba empleada era hombre muy mal humorado en los negocios, y cuando me hacía alguna observación sobre mi trabajo me molestaba y resentía, porque soy muy sensible por temperamento y educación; pero aquella mañana no quise quebrantar mi determinación y repliqué muy afablemente a las observaciones, con lo que se apaciguó el hombre y estuvo de buen tratar todo el día, y no consentí que se interpusiera la más leve nubecilla entre mi serenidad y los que me rodeaban. Igual conducta seguí en la casa donde me hospedaba, y si hasta entonces me había sentido allí como extraña por falta de simpatía, encontré calurosa amistad y correspondencia. Las gentes andarían medio camino para venir a nosotros, si nos tomáramos la molestia de ir el otro medio hacia ellas.

Así es, ¡oh! hermanas mías; si creéis que las gentes no os tratan afablemente, resolveos sin perder un día, y decid: "Quiero conservarme joven, a pesar de las canas; y aunque las cosas no salgan a medida de mi gusto, me sacrificaré por los demás y esparciré alegría en el camino de todos aquellos con quienes me encuentre." Entonces florecerá la dicha a vuestro alrededor, nunca os faltarán amigos y compañeros y, sobre todo, gozará vuestra alma de la paz de Dios.

Hay gentes que cometen la torpeza de tocar los registros disonantes, de modo que del más delicado instrumento sólo arrancan discordancias. Miran recelosamente todas las cosas y en todos sus cuadros predominan las sombras. Nada hay luminoso, bello y brillante en su alrededor. Su mirada es siempre hosca y de continuo se quejan del mal cariz de los tiempos y de la escasez de dinero. Todo es en ellos encogido; nada expansivo, amplio y generoso.

A otras personas les pasa precisamente lo contrario, pues su luminoso ser no arroja sombras y todo capullo que tocan despliega sus pétalos en plena fragancia y hermosura. Siempre os tratan con cariño y nunca hablan sino para inspiraros, como si sembraran de flores vuestro camino. Conocen la dichosa alquimia que transmuta la prosa en poesía, la fealdad en belleza, la disonancia en armonía. Señalan siempre las virtudes de las gentes y las tratan con placenteras y alentadoras palabras.

Nada hay que tanto nos satisfaga y envanezca como los servicios prestados al prójimo en toda oportunidad, y si no podéis prestárselos materialmente, siempre podéis ayudarles con vuestro cariñoso ánimo, con palabras de simpatía, amabilidad y estímulo.

Más que de dinero, hay corazones hambrientos de benevolencia y cariño, que siempre podemos dar.

XVII

TEMOR Y TEDIO

Anoté diariamente mis pesares y cuando los releí al cabo de pocos años, me movieron a risa, en vez de arrancarme lágrimas.

El tedio es la más corriente forma de suicidio.

Compadecido cierto mago de un ratón que en su casa anidaba en perpetuo temor al gato, lo transformó en gato. Entonces tuvo miedo del perro, y en perro lo transformó el mago; pero acometido del temor al tigre, lo transformó en tigre, sin que acabara aquí su miedo, pues siempre estaba temeroso del cazador, hasta que por fin el mago lo volvió a su prístino ser, diciéndole: "Puesto que tienes nervios de ratón, no es posible protegerte dándote cuerpo de más noble animal."

Muchas gentes parecen incapaces de desechar el temor de su mente. Si son pobres, se figuran que con salud y dinero no tendrían miedo a nada ni volverían a sentir tedio. Se figuran que si poseyeran esto o lo otro, si estuvieran en distintas condiciones o en diversas circunstancias, podrían desembarazarse de la ansiedad y sus numerosas hijuelas; pero cuando obtienen lo que apetecían continúa persiguiéndolos el mismo enemigo, aunque en otra forma.

El temor y el tedio son los mayores enemigos de la felicidad. Siempre y por doquiera podemos hallarnos con una maldición; pero cualquier infortunio que nos sobrevenga lo podremos soportar más llevaderamente sin aquellos dos asesinos de la dicha. En efecto, el temor es antiguo enemigo del hombre, y el tedio es su odioso cómplice. Siempre fue el temor propio de la condición humana; pero el tedio es enfermedad peculiar de nuestra época.

Conozco a un hombre de excelentes prendas, pero constantemente entorpecido por el temor, que estragó, en gran parte, su carrera. Desesperadamente luchó contra él sin resultado, hasta que, no hace mucho, vino en conocimiento de que era posible neutralizarlo por medio de su opuesta actitud mental. Confesaba este hombre que el temor le había espiado los pasos desde la infancia, había reprimido su natural expresión y contrariado todos sus intentos, impidiéndole emprender cosas que confiaba plenamente en llevar a cabo.

Desde que descubrió el modo de neutralizar este violento destructor de su dicha, fue enteramente distinta su actitud mental, de modo que hasta luego de aniquilado el temor, no se conoció a sí mismo ni echó de ver sus posibilidades.

La eliminación de este enemigo determinó el realzamiento y mejora de su carácter, de modo que el un tiempo débil, vacilante y temeroso, inútil para toda empresa, es hoy varón fuerte, vigoroso y confiado. Al desechar el temor ha puesto en actuación su energía latente con enorme acrecentamiento de fuerza mental.

Es capaz de hacer en un mes mucho más y con mayor facilidad de lo que penosamente hacía antes en un año.

El temor mata la esperanza; el tedio y la ansiedad desvanecen la confianza, anulan la fuerza de concentración y paralizan las iniciativas. El temor es fatal enemigo de toda proeza, el emponzoñador de la felicidad.

Dice un autor:

Tomad un antídoto contra el temor, el enojo y el tedio, en cuanto sintáis la cercanía de su contagiosa atmósfera.

Nuestros mayores enemigos se atrincheran en nuestra mente, en nuestra imaginación, en nuestro falso concepto de la vida. Hemos de ser dueños en vez de esclavos, y no hay esclavitud comparable a la del prejuicio o superstición que nos acobarda.

La ignorancia y las insensatas supersticiones desbaratan la dicha de multitud de gentes. Creen muchos que las supersticiones son inofensivas; pero no es ciertamente inofensivo nada de cuanto le sugieren al hombre el error y la ignorancia. Muchas personas se creen perpetuamente amenazadas por la desgracia, que les acosa aun en los más dichosos momentos de su vida, y de tal modo les conturba, que jamás pueden disfrutar con verdadero placer de bien alguno. Siempre se les aparece el espectro en los festines. Por otra parte, hay personas cuya dicha no es completa por temor a la imaginaria enfermedad, cuyos horribles síntomas describen tan seguramente como si ya invadiera su cuerpo. Este continuo temor entorpece la nutrición, debilita la resistencia corporal y favorece el desarrollo de los posibles gérmenes hereditarios o propensiones morbosas latentes en el organismo.

El temor altera la circulación de la sangre, emponzoña las secreciones y debilita el sistema nervioso.

Todo cuanto nos deprime, angustia, conturba o entedia, es decir, todas las modalidades del temor y la ansiedad, contraen los vasos sanguíneos y entorpecen su funcionamiento.

Pero, en cambio, todo cuanto nos emociona placenteramente y nos da felicidad, facilita la libre circulación de la sangre y sutiliza los vasos capilares.

Los niños que viven en ambiente de temor se detienen en su crecimiento y nunca se desarrollan normalmente. Su sistema vascular es más pequeño, la circulación más lenta y el corazón más débil bajo la influencia del temor, que seca las fuentes de vida, mientras que el amor, que desvanece nuestro temor, produce precisamente los contrarios efectos.

Muy extraño es que, después de tantos siglos de experiencias y aleccionamientos, no sepan todavía los hombres que el temor es un espectro de la imaginación y no se hayan resuelto a emanciparse de este cruel enemigo de la felicidad. Parece que el género humano debiera haber hallado hace siglos algún camino lejano de este innecesario sufrimiento; pero aún nos estremecemos al pensar en los mismos fantasmas de temor y tedio que acosaron a nuestros antepasados y que fácilmente podríamos desvanecer de nuestros pensamientos.

Si los que están al fin de su vida miran atrás, echarán de ver que jamás ocurrieron aquellas desgracias cuyo temor les envejeció prematuramente, robándoles la alegría del vivir.

Desde los albores de la historia hasta nuestros días ha torturado a la humanidad un espectro ilusorio, una mera forma mental, un encharcamiento de la imaginación: el temor.

Muchas gentes temen tanto a la muerte y tanto terror les causa su memoria, que no disfrutan ni de la mitad de la vida ni obtienen cuanto les cupiera esperar de ella.

Conozco a algunos hombres que, pasado el promedio de su vida, se estuvieron preparando continuamente para la muerte, ordenando sus asuntos, redactando su testamento y decidiendo cómo se habían de administrar sus negocios después de su fallecimiento. Sin cesar hablan estos tales de la muerte y proyectan su descripción como película cinematográfica en la mente de sus hijos.

¡Y pensemos cuán siniestro es para un niño crecer en semejante atmósfera de temor a la muerte, con que se les amedrenta al acostarse diciéndoles que piensen en que podrían morirse aquella misma noche! ¿qué gana el niño con tales restricciones?

Viven los timoratos en incesante temor a la muerte, como negro toldo que ensombrece todo goce legítimo; pero las almas próceres, tranquilas en su nobilísima felicidad, se sienten absolutamente seguras en cualesquiera circunstancias. Quien cree que es víctima de la fatalidad, que todos sus planes han de fracasar y se han de desvanecer todas sus esperanzas sin que le quepa la seguridad de validar sus esfuerzos por intensos que sean, no podrá adquirir aquella firmeza de carácter que, como persistente y fundamental principio, es la médula de toda vida extraordinaria.

Mas antes de que podamos afirmar nuestro carácter, hemos de tener el sentimiento de seguridad, firmeza, equilibrio y ponderación en que consiste la verdadera hombría.

Nuestro temor está siempre en proporción de la flaqueza o ineptitud para precavernos de la causa que lo motiva.

Todos hemos de ser capaces de dominar la mente y regir en toda ocasión nuestros pensamientos, porque lástima da ver hombres que, con fortaleza para muchas cosas, son víctimas pasivas de torcedores pensamientos que podrían sofocar en un instante.

El hombre debe ser capaz de gobernar el reino de su mente.

Debe ser capaz de abrir y cerrar las puertas de este reino para acoger o desterrar los pensamientos a su albedrío.

Miles de gentes mueren cada año por abatimiento de espíritu, esperanzas desvanecidas, ambiciones truncadas y agotamiento prematuro. Todavía no hemos aprendido a fomentar aquella elevada e inteligente jovialidad, propia de las almas escogidas que confían en su poder; aquella placidez de ánimo, que es la más eficaz medicina contra las enfermedades de la humanidad. No hemos aprendido todavía que la aflicción, la ansiedad y el temor son los mayores enemigos de la vida humana, contra los que hemos de oponer toda nuestra resistencia. Sin la placentera jovialidad, que constituye la normal atmósfera de nuestro ser, no es posible mantener sanos mente y cuerpo.

Lo mejor será elevar cuanto nos sea posible nuestros exponentes físico, mental y moral, a fin de que el tedio, el temor y la ansiedad no hallen en nosotros sitio donde asentar el pie.

Si no logras ser feliz en el infortunio, no lo serás en ninguna circunstancia.

Dice un autor:

Sin duda significa esto que no alcanza a conocer la felicidad quien es víctima de sus genialidades y no acierta a regir sus orientaciones mentales, sino que se deja empujar de un lado para otro por el humor del momento.

Según atestiguan los médicos, uno de los peores resultados de la inveterada indulgencia que tenemos con el temor y la ansiedad es el creciente uso de narcóticos, que los ignorantes toman por panaceas. Toda preparación de morfina, cocaína, alcohol, y especialmente los específicos para el dolor de cabeza, son muy peligrosos en manos de personas inexpertas y a veces ocasionan deplorables resultados.

La afición a los alcaloides y otras drogas, tentadoramente disimuladas en elegantes cajas y llamativos frascos con el nombre de específicos medicinales, cuando no de panaceas, demuestra cuán ansiosamente vivimos hoy día, porque nuestros nervios están continuamente en máxima tensión, incompatible con los goces placenteros.

En otro tiempo eran muy pocos los excitantes a que recurría el hombre para dar alivio a la fatiga nerviosa y mental; pero hoy se consumen a todas horas aperitivos, licores y estimulantes, y apenas hay quien pueda estarse una hora sin el cigarro en la boca.

Los negociantes desmedidamente afanosos de ganancias aguijonean de continuo sus nervios y su cerebro por artificiosos medios, que les agotan las reservas vitales y les dejan sin fuerzas para resistir las enfermedades o los achaques.

Millones de hombres ruedan de continuo por cafés y botellerías en demanda del excitante que les aparte, siquiera temporáneamente, de las penas que les conturban, creídos de encontrarse con ello mejor dispuestos para el trabajo; pero muy pocos echan de ver adónde les lleva la constante excitación de los licores, tabaco, café, alcaloides y drogas, que irremediablemente han de provocar en el organismo desastrosa reacción. No advierten que los licores alcohólicos paralizan los nervios de los vasos sanguíneos del cerebro, ocasionando congestiones parciales, que si de momento acrecientan la actividad cerebral, acaban en la correspondiente depresión.

De nuestro alejamiento de Dios dimanan el tedio, la aflicción y la ansiedad, porque si nos pusiéramos en contacto con Él estaríamos tranquilos y equilibrados. Tenemos el deber de rechazar a todo enemigo de nuestra salud y felicidad, lo mismo que rechazaríamos a un ladrón de nuestro hogar.

La armonía es tan formal en el hombre equilibrado como lo es en la música. Cuando el médico se despide de un enfermo suele decirle: "Cobre usted ánimo y no se amilane. Manténgase tranquilo y no se preocupe." Estas comunes recomendaciones demuestran la universal creencia de los médicos en la fatal, abrasadora y morbosa influencia del tedio en la salud corporal, hasta el punto de considerarlo como una maldición.

Decía un conocido predicador:

Cada instante de tedio debilita las fuerzas que el alma ha de emplear en sus cotidianas luchas. El tedio es una enfermedad que abulta los peligros y convierte en montañas los granos de arena. Es el tedio una especie de locura. Así como tendríamos por loco al hombre que para conservar la salud tomase cada mañana una dosis de veneno, no es menos locura desear la felicidad y ceder a la influencia del tedio. Es como si nos encaminásemos hacia el sur en busca del norte o como si bajáramos a la bodega en espera de ver el arco iris. El tedio paraliza las fuerzas necesarias para combatir el mal.

¿Qué diríamos del comerciante que, al borde de la quiebra, malgastara locamente el dinero en vez de ahorrarlo para salvar su situación? Pues algo incomparablemente más insensato hace el tedioso, cuyos elementos para resolver el problema de la vida son la potencia cerebral, la aptitud creadora y la energía psíquica que, sin embargo, malgasta en las noches de insomnio, en los momentos de ansiedad y tensión nerviosa, labrando con ello no sólo su propia infelicidad, sino la de su familia. Imposibles son la paz de la mente, la dicha de la vida y el éxito en la obra, cuando subordinamos su logro a condiciones externas cuya peculiar mutabilidad las substrae a nuestro gobierno.

Ya es hora de advertir que, pues no podemos derrocar de su trono al temor atacándole violentamente, debemos valernos de otro sentimiento más fuerte que él: del antídoto del temor, esto es de la confianza y la fe.

Cuando nos aliemos con la fe, depondremos el temor de su antiguo trono, del que no es posible arrancarlo por violencia, sino que, poco a poco, lo hemos de empujar para que le ceda el sitio. Y cuando lo hayamos desalojado por completo, se marchará también el tedio y nos veremos libres de los dos gemelos enemigos de la felicidad. Entonces descansaremos en tan firme sentimiento de seguridad, confianza, libertad y poder, cual no cabe concebir, y gozaremos de completa felicidad.

XVIII

LA OSTENTACIÓN
MATA LA FELICIDAD

Podemos adquirir, a muy poca costa, un lote de felicidad doméstica; pero la felicidad aparatosa siempre cuesta más que la verdadera. No es posible perdonar gastos cuando se trata de cubrir las apariencias, es decir, ostentar lo que no se es.

No hace mucho tiempo se vendían en pública subasta la casa y otros bienes, no exceptuados por la ley, de una viuda neoyorquina. Averiguóse que esta reambiciosa mujer, en su afán de casar a sus hijas con hombres mucho más ricos, había hecho desesperados esfuerzos para cubrir las apariencias, hasta que, comida de deudas, vióse privada de sus bienes. También se supo que debía gruesas cantidades a las floristas, proveedores, costureras y tenderos, por haber gastado durante mucho tiempo más de lo que le permitían sus rentas, ostentando mentirosamente postizas riquezas. Pudo haber vivido cómodamente aquella familia con su regular fortuna, a no ser por el falso concepto que de la vida tenía la madre. Gastaba miles de dólares en sombreros, vestidos, moños, encajes y toda clase de atavíos para que sus hijas brillaran tanto como otras jóvenes muchísimo más ricas, y con ello logró quedarse sin hogar y las hijas sin marido.

Gran parte de las desdichas domésticas provienen de la avasalladora ambición, del egoísta y continuo esfuerzo en aparentar falsas posiciones en las ciudades populosas, sin advertir que, en vez de los disgustos, miserias y luchas que por ello han de sufrir y sostener, podrían los que sienten tal afán representar socialmente alguna cosa, con los mismos posibles, en una ciudad subalterna donde las gentes no fuesen tan ambiciosas e interesadas.

Conozco a un joven matrimonio que se cree infeliz por no poder alternar con las familias acomodadas ni vivir y vestir como ellas. Ambos esposos están de continuo tristes y angustiados, sin más consuelo que cuando logran llamar la atención de alguien. Les parece que todo lo han de sacrificar a las apariencias, porque son esclavos de la opinión ajena.

Más que de la falta de lujo y comodidades, dimanan nuestras desdichas de nuestro egoísmo, envidia y prejuicios. ¡Cuántas inconveniencias hemos de sufrir a causa del qué dirán! ¡Cómo nos esclavizamos a la opinión ajena! ¡Qué trazas las nuestras para que las gentes nos supongan más de lo que realmente somos! La opinión ajena nos vuelve manirrotos, y por reparo del qué dirán estamos descontentos de nuestra suerte y queremos aparentar más de lo que tenemos.

Una de las calamidades de la época es el penoso esfuerzo en mantenerse al nivel de las familias de holgada posición, de lo que resultan deudas y de ellas amarguras sin cuento, especialmente por lo que respecta a los matrimonios jóvenes.

149

En una ciudad tan populosa como Nueva York hay multitud de familias que para nada figuran en la vida de sociedad, porque no pueden sostener el fausto correspondiente a su educación, refinamiento y cultura. No pueden frecuentar la sociedad de su gusto ni quieren tratarse con las que llaman "gentes ordinarias", pues se percatan de que no son ni aristócratas ni plebeyos en tan populosa capital.

Familias hay que por esta causa viven en perpetua desdicha. Conozco a un empleado de corto sueldo que, en vez de vivir con su esposa en un suburbio, conforme a sus posibles, se empeñan en codearse con la más empingorotada vecindad, y después de pagar el alquiler, trajes y diversiones, apenas si les queda para las más apremiantes necesidades.

A muchos les parece una gran desgracia no disponer de cuantiosas rentas y que todo se resume en vivir con fastuoso lujo, sin percatarse de que, al fin y al cabo, frutos de los excesos y disipaciones son la infelicidad y el quebranto de la salud.

En cambio, hay muchas otras gentes que apenas disfrutan de la vida, porque son esclavos del recargo de trabajo y confunden la mezquindad con la economía, hasta el punto de privarse de lo más necesario o escatimarlo ruinmente, no sólo para ellos, sino para sus familias.

Uno de los más miserables rasgos de los maridos tacaños es la fiscalización que ejercen en los gastos de sus mujeres, amargando con ello los goces de la sociedad conyugal. Cuando la esposa tiene la desgracia de hacer una mala compra, se encoleriza el marido y la abruma a improperios, sin pensar que él también suele comprar cosas enteramente inútiles, cuyo costo es dinero tirado a la calle.

Marido hay que nunca le pregunta a su mujer si necesita algo para la casa ni le da dinero para comprarse prendas de uso personal, sino que, a su antojo, adquiere objetos inútiles o inadecuados, sin que su mujer se atreva a echarle en cara su torpeza. Por ejemplo, comprará toda la colección de obras de un autor, tan sólo porque su precio le parece una ganga, aunque nadie de la casa llegue a leer ni un solo tomo; y en cambio, su mujer sabe perfectamente que unos cuantos libros escogidos serían de más provecho que toda una biblioteca de mamotretos.

Tal vez no haya cualidad que tan torcidamente se comprenda como la economía, sobre todo la doméstica. La falsa economía es fatal para la dicha del hogar, pues algunas veces toma visos de fetichismo. En desvanes, armarios y cuartuchos se guardan cosas que sólo sirven de estorbo y están pidiendo a gritos la hoguera.

Conozco a una familia en cuyo hogar predomina la atmósfera de ruindad y tacañería hasta el punto de privarse de las más elementales comodidades de la vida, por el falso concepto que del ahorro tienen todos los de aquella casa, de suerte que da pena visitarlos. Hace poco me convidaron a comer, y un chiquillo de seis años se dejó decir que tenía escombreles para principio, porque iban más baratos que los demás pescados.

Muchos maridos permiten a sus mujeres, en los primeros años de su matrimonio, que ahorren cuanto puedan para colocarse en buena posición social; pero después de logrado su objeto se avergüenzan de ellas, porque, a consecuencia de las privaciones, han perdido sus encantos juveniles. La mayor parte de estos maridos toman por pretexto la incompatibilidad de caracteres y se divorcian para casarse con una joven que brille en sociedad.

He conocido en Washington hombres que lograron abrirse paso en el mundo, se sentaron en el Parlamento u obtuvieron empleos públicos gracias al espíritu ahorrativo de sus esposas, que realzaron la casa perdiendo sus atractivos personales en la lucha por abrir camino al marido. En pago de tanto sacrificio, tuvieron después a menos sus maridos acompañarlas a visitas, mientras ellos por su parte, galanteaban a otras mujeres.

No hace mucho tiempo, en una recepción, encontré a un multimillonario que, desde la extrema pobreza, había escalado las cumbres de la fortuna merced a la abnegación con que su esposa sacrificara gracia y belleza en provecho del marido, al que salvó de la quiebra en los comienzos de su vida comercial. Aquella mujer reflejaba en su semblante la dulce tristeza de la resignación, y aunque denotaba energía de carácter, no le restaba ni vestigio de los encantos físicos que atraen a los hombres egoístas. En cambio, el marido iba irreprensiblemente vestido y espléndidamente ataviado. Todavía estaba sano y vigoroso, pues su complexión era mucho más fuerte que la de su esposa, y se entretenía en conversar, reír y discretear con las más garbosas damas, mientras que su mujer, modestamente vestida, se mantenía apartada y como vergonzosa de intervenir en la tertulia, porque bien le constaba que los años de lucha y privaciones habían ajado los encantos que un tiempo embelesaron a su esposo. Nadie hubiera dicho que aquella agotada belleza, harta de trabajar durante su juventud, fuese la consorte de aquel gallardo y apuesto caballero que jamás quiso darse malos ratos en el trabajo, porque debía toda su fortuna a la sagacidad, abnegación, destreza y laboriosidad de su esposa, moralmente repudiada después de haber establecido la hacienda doméstica a costa de personales sacrificios. Fue la esposa, en los primeros años de matrimonio, lo bastante altruista y abnegada para ayudar a su consorte en la administración doméstica, sin que él fuese capaz de estimar su sacrificio.

Muchas familias navegan hoy entre el Escila de la extravagante cursilería y el Caribdis del mal entendido ahorro, que las priva de lo necesario. Sólo puede haber felicidad en el hogar cuando navega en los tranquilos mares de la sencillez, del contento y de la satisfacción interior, en que consisten los puros goces de la vida.

XIX

EL SECRETO DE LA FELICIDAD

Nada ganamos y todo lo perdemos cuando nuestro deseo se desvanece sin satisfacernos.

¿Cómo así gimes y suspiras por lo confuso, lejano o inasequible, cuando las bellezas circundantes te cantan su callado y perpetuo himno?

El secreto de la felicidad es la satisfacción interior. La generalidad de los norteamericanos miran muchas cosas de valor en la vida real tan rápidamente como el paisaje que a toda velocidad atraviesan en su automóvil, pues aunque de cuando en cuando alcen la vista para vislumbrar fugazmente la cumbre de una montaña, un hermoso valle o una espléndida puesta de sol, no advierten los pormenores del magnífico escenario.

Si no anduviéramos a tan presurosos pasos, gozaríamos de los maravillosos pormenores de la vida que nos brinda el trato de los amigos. Pero tenemos la mente enfocada en el camino que ante nuestro vehículo se prolonga. Somos como postillones que van siempre a escape y sólo desmontan para volver a montar en cuanto mudan de tiro. Las corcovas y canas prematuras, el andar pesado y el febril apresuramiento en todo son las características de la vida moderna. La inquietud y el descontento son ya crónicos y constituyen los estigmas de nuestra época y de nuestra nación.

Esta lucha, esta violencia, esta porfía, no merecen el nombre de vida; es una fiebre, una enfermedad, que bien podríamos llamar americanitis, sin relación alguna con la felicidad.

Como le preguntaran al octogenario Oliverio Wendell Holmes por el secreto de su juvenil apostura a tan avanzada edad, respondió diciendo:

La debo, principalmente, a la jubilosa disposición de ánimo e invariable contento íntimo en todas las épocas de mi vida, sin que jamás haya sentido los torcedores de la ambición, pues la inquietud, el descontento y el desasosiego son causa de la vejez prematura. Las arrugas no aparecen en los rostros que sin cesar sonríen. La sonrisa es el más eficaz masaje. El contento es la fuente de la juventud.

La ambición que el ilustre Wendell Holmes condena es la engendrada por el egoísmo y la vanidad, cuyos propósitos se resumen en la nombradía, en la alabanza y admiración de las gentes, en las riquezas y el encumbramiento personal, más bien que en el poder de ser útil al mundo, de sobresalir en el servicio de la humanidad, de convertirse en el más óptimo, noble y eficiente operario que quepa imaginar. ¡Feliz quien da de mano al afán de amontonar riquezas, de ser más entendido y más ingenioso que sus prójimos y se satisface con ser lo que es! Y cuando calma la fiebre de riquezas y advierte que suyos son también los tesoros del rico, los goces del dichoso y el vigor del fuerte, entonces verdaderamente alborea para él la plenitud de los tiempos.

Dice Shakespeare:

Mi corona está en mi corazón, no en mi cabeza. No la adornan diamantes ni pedrería de la India ni la ve nadie, porque se llama contento, y es tal, que pocos reyes se gozan en ella.

Aquí y allá encontramos caracteres tan esclavos de la ley, de tan entera personalidad y excelentes prendas de corazón, no adquiribles por dinero, que podrían envidiar los multimillonarios.

Conozco personas que apenas poseen bienes materiales, y sin embargo, saben admirar la hermosura de campos y mares, de flores y ocasos; saben apreciar las bellezas naturales en que muchísimas gentes ni siquiera reparan, y encuentran infinito placer en agradables menudencias de la vida que otros no aciertan a estimar.

De toda circunstancia y contingencia podemos derivar provechosas lecciones, si nos percatamos de que las cosas toman el color del cristal con que se las mira; y por lo tanto, hemos de forjarnos la representación mental de nosotros mismos, tales como quisiéramos ser en plenitud de cualidades, porque somos esencialmente todos hijos de Dios, que no sólo nos ayudará a cumplir nuestros legítimos anhelos, sino que nos infundirá un maravilloso sentimiento de serenidad y satisfacción interior.

La conducta es una constante derivación del pensamiento. Cuando la mente se detiene por mucho tiempo en determinada modalidad, propende a concertar nuestra conducta con ella. Si constantemente pensamos en lo bello, sublime, noble y verdadero con el necesario esfuerzo para asimilárnoslo, acabaremos por dar a nuestro carácter tan hermosas cualidades. Nuestras aspiraciones, deseos y anhelos están retratados en nuestra conducta. El deseo es el modelo reproducido por la conducta.

Muchas gentes buscan vanamente la felicidad mirando al porvenir, en esperanza de otros tiempos y otras circunstancias que, a su parecer, han de hacerles dichosos y no han de llegar nunca, sin advertir que mejor podrían hallarla felicidad en las circunstancias que actualmente les rodean si supieran aprovecharlas.

La tela de la vida se fabrica día tras día en el cumplimiento de los deberes domésticos y sociales, en la cotidiana ocupación de la tienda, el almacén o la fábrica, porque los sucesos extraordinarios e insólitos no influyen tanto en nosotros como los ordinarios y comunes que continuamente nos están modelando.

¿Cuándo aprenderemos que la felicidad es tan legítimo resultado de nuestros habituales pensamientos, de nuestros esfuerzos, anhelos y aspiraciones, de nuestra actitud mental y de nuestro modo de ver las cosas, como la exacta solución de un problema matemático lo es de su planteamiento y discusión? A muchos les parece que la felicidad se halla casualmente como el filón de oro, y para descubrirlo ciegan los verdaderos manantiales de placer, salud, contento y dicha.

Indudablemente, es la ambición uno de los más graves impedimentos de la felicidad humana. El loco afán de imitar a los demás, de aventajarlos en ostentación y lujo, es el mayor enemigo de la dicha, porque nos incita a eclipsar por todos los medios, en lujo y riquezas, a quienes vemos más fastuosos que nosotros, y nos esforzamos por egoísmo en tener la casa mejor puesta y los hijos más elegantemente vestidos, sin echar de ver que toda esta ostentación nada vale ante la positiva eficacia del ennoblecimiento de la conducta. Legítima y loable ambición es la del hombre que procura ser útil a la humanidad, que se esfuerza en disipar la ignorancia, de realzar de día en día sus pensamientos, de tener algo más de confianza en sí mismo y en los demás, de servir provechosamente a sus semejantes. Tal es la ambición de cuyo logro deriva la verdadera felicidad.

El hombre embriagado de ambición desenfrenada es capaz de sacrificar familia, hogar, amigos, salud, bienestar y aun la misma honra para conseguir sus deseos, que, como inextinguible sed, le atosigan de continuo. La ambición petrifica las facultades del que la padece, malogra las aspiraciones elevadas y sofoca cuanto de hermoso, delicado y sensible hay en su carácter, hasta encallecerlo de modo que no responde a las vibraciones de belleza, verdad y dulzura. Lastimoso espectáculo es el del hombre esclavo de ambiciosos propósitos, porque desde el punto en que cae víctima del sórdido y egoísta afán de dinero, es incapaz de disfrutar los verdaderos goces de la vida y no estima la gloria, grandeza y sublimidad de la existencia. Todos sus placeres son de índole grosera y bestial.

¡Cómo nos engaña el espejismo que del porvenir nos trazan las egoístas ambiciones! Siempre estamos negligenciando el presente en espera del porvenir, sin estimar lo que de momento tenemos para disfrutarlo, según recorremos el camino de la vida. ¿Cabe locura mayor que la de creer, como creen muchas gentes, que el porvenir ha de ser distinto del presente? ¿Hay razón para pensar que mañana seremos más felices que hoy? Pisoteamos las violetas y las margaritas en nuestro empeño de alcanzar los más altos pimpollos de los árboles.

Infeliz del que cede a la egoísta ambición y a ella se aferra ciegamente con esperanza de hallar la paz en su logro, pues se le despertará otra mayor ambición con más voraces apetitos. Es como el agua abrasadora de la conseja, que más quema cuanto más de ella se bebe.

La ambición egoísta es un falso guía que sin remedio desbaratará la felicidad de quien la siga y le robará cuanto de más caro y dulce hay en la vida. ¡Oh cuán cara pagan los ambiciosos su insensata pasión ¡Cuántas tragedias ocasiona!

La mayor parte de los hombres parece como si creyeran posible comprar la felicidad; pero aunque les quepa comprar los goces animales con la consiguiente excitación del sistema nervioso, resultan estos goces en extremo despreciables y muy distantes de la felicidad, que sólo es dable adquirir por el propio merecimiento. Confunden el placer con la felicidad.

Nadie ha logrado todavía sobornar a la verdadera felicidad, que no tiene precio y tan a la mano está del pobre como del rico. De felicidad está lleno el mundo y en nuestro derredor la encontraríamos con sólo recibir de buena voluntad la que en nuestro camino se cruzase.

Muchos hombres buscan la felicidad para sí solos, porque imaginan que consiste en la satisfacción de los deseos y el halago de los sentidos, sin percatarse de que cuanto más se satisface un gusto, con mayor violencia rebrota el apetito prevaleciente contra toda posibilidad de satisfacción. Cuanto más condescendemos con el deseo, más opresivamente nos tiraniza. El apetito sobrevive al agotamiento de la víctima, porque nada es capaz de apagar la sed bestial.

A menudo oímos lamentarse a muchas gentes de que no sacan provecho alguno de esta vida; pero precisamente su afán de mucho gozar es causa de sus lamentos. Quien más pone de su parte en la vida es el que mejores frutos cosecha de ella, de la propia suerte que el agricultor no ha de esperar el premio de su trabajo, si antes no planta y siembra. A muchos la vida les parece algo así como un merodeo en vez de un cultivo. Sembrad amor y contento, cariño y servicio desinteresados, y no os quejaréis de la esterilidad de la vida ni de que el mundo no tiene para vosotros la debida recompensa.

Dice a este propósito Ella Wheeler Wilcox:

A menos que tengáis un corazón generoso, un corazón que se eleve a Dios en ardiente gratitud de algo, egoístas seréis si vivís descontentos, porque nadie deja de tener motivos de agradecimiento; y el hábito de agradecer es uno de los más poderosos elementos de éxito y felicidad.

Si al despertar damos gracias a Dios por aquel nuevo día con todas sus bendiciones, podremos pedirle después que nos dé fuerzas para mejorar de situación, si no estamos satisfechos de ella.

La verdadera felicidad dimana del fomento y desarrollo de nuestra naturaleza espiritual. El egoísmo no puede nunca dar felicidad, porque de continuo está alimentando la naturaleza inferior con todos aquellos elementos pasionales que de la felicidad nos alejan. Nadie hallará la felicidad si no la busca con puro corazón, mente limpia, propósitos nobles y anhelos inegoístas en beneficio del prójimo.

Si el camino se nos presenta oscuro y cerrado, sin luz y al parecer sin salida, no creáis que ya no hay otro camino para vosotros, pues os lo cierra Dios temporáneamente para ver si sabéis esperar y trabajar confiados en que cuando una puerta se cierre otra se abre.

El pensamiento recto es un poderoso imán, de suerte que cuando queráis tener o ser, lo tendréis o seréis con sólo afirmaros constantemente en que lo tenéis o lo sois. Si anheláis salud y vigor; si queréis abundancia y no miseria, decios constantemente: "Estoy sano; soy fuerte; vivo en la abundancia; no puede haber penuria ni pobreza ni necesidad en mi vida. Soy rico porque obedezco a la ley."

No hay felicidad posible para quien siempre está pensando en sus miserias, desdichas y tristezas y siempre denota disgusto en sus pensamientos y acciones; porque como es el pensamiento, así es el hombre, y una actitud mental negativa producirá efectos negativos. La única felicidad posible es la resultante matemática de nuestra manera de pensar y obrar rectamente. Si estáis descontentos de vuestra suerte y cuidadosamente la analizáis, veréis que es la que os corresponde como indefectible resultado de vuestra pasada conducta, pensamientos y acciones, por lo que a nadie sino a vosotros mismos debéis inculpar de vuestro infortunio. Si hubieseis aprovechado los elementos de la verdadera felicidad, no lamentaríais el fracaso, de la propia suerte que nunca falla la exacta solución de un problema si se le resuelve con estricta sujeción a las leyes matemáticas.

En vano recorreréis el mundo entero en busca de la felicidad si no la lleváis con vosotros mismos. La historia abunda en ejemplos de hombres que fracasaron por haber buscado desesperadamente la felicidad toda su vida sin jamás hallarla, mientras que otros, sin pensar gran cosa en ella, fueron felices en el cumplimiento de su deber, en el empeño de ennoblecer y mejorar la vida de cuantos les rodeaban.

Dice sobre el caso Carlos Dudley Warner:

La parte más lastimosa de este inalienable derecho a la felicidad, es que la mayor parte de los hombres creen que la felicidad consiste en la riqueza de bienes materiales, y por adquirirlos luchan continuamente, con desprecio de la positiva felicidad, en su afán de labrarse una fortuna, hasta que, al fin de la jornada, advierten que se les escapa la soñada felicidad porque no cultivaron las internas cualidades que únicamente pueden allegarla.

Sé de quien ha tenido muy lisonjero éxito en su especialidad profesional, y sin embargo, está intranquilo, disgustado y descontento como nadie. Siempre se compara con quienes obtuvieron mayor éxito y realizaron más lucrativa labor en su especialidad. Le irrita pensar que haya otros mejor acomodados y más famosos. Está aburrido de la que le parece modesta posición. Sin embargo, tiene familia modelo, esposa nobilísima, hijos gallardos, y aunque en su hogar no hay lujos suntuarios, como en el de sus vecinos, tiene sobre ellos multitud de ventajas. A pesar de todo, ni su robusta salud ni su ejemplar familia significan gran cosa para él, porque no repara en lo suyo y siempre mira qué hacen los demás, sin que su afán le deje tiempo para cultivar amistades y disfrutar de la vida de la sociedad.

Si este hombre reflexionara sobre cuanto hace, podría alterar en pocos meses su modalidad mental, hasta convertirse en otro hombre. Si cada día se detuviese unos cuantos minutos en desalojar de su mente todo pensamiento de celos o envidia, y dando de mano a la ambición aprendiese a estimar lo propio en vez de pensar en lo que los demás hacen; si cada mañana se congratulara de tener tan feliz y armónica familia, una esposa buena y bella, unos hijos robustos, mientras que muchos de aquellos a quienes envidia han de sufrir toda clase de disturbios conyugales y tienen esposas frívolas e hijos enclenques o imbéciles, seguramente que apreciaría en mucho más su suerte.

Hay quienes, codiciosos de los ajenos, menosprecian sus propios goces, sin advertir que nadie podrá aprovecharse de sus propios elementos de felicidad mientras envidie los de otros. Perdemos grandísima parte de la alegría del vivir por no aceptar jubilosamente los menudos goces cotidianos. No vamos a gusto en nuestro modesto coche, porque envidiamos la soberbia carretela del vecino. El error está en desperdiciar los goces de nuestro alegre hogar, mientras miramos ansiosos la regia morada del vecino. No nos satisface un paseo a caballo por el campo o una excursión en lancha por el río, porque hay quien disfruta el lujo del automóvil y del yate. La vida colmará la medida de felicidad que para cada uno de nosotros disponga, con tal de que adiestremos nuestras mentes en el aprovechamiento de cuantas oportunidades encontremos en nuestro camino, en vez de ambicionar las de nuestros vecinos.

Muchos hombres se parecen al ranúnculo que crecía en el campo junto a la margarita. El ranúnculo estaba descontento y envidioso del galano atavío y esbelto talle de la margarita y ansiaba llevar también como ésta dorado descote. Pero un jilguero que por allí volaba oyó los insensatos lamentos del ranúnculo que apetecía ser como la margarita, en vez de satisfacerse con brillar por sí mismo, y le dijo: "Mira sin temor al cielo y conténtate con saber que Dios deseaba un ranúnculo precisamente aquí donde tú creces".

Roberto Burns describe al hombre feliz diciendo que se contenta con poco. La noble satisfacción interior abre camino a más amplia y plena satisfacción. La fuerza de voluntad, la influencia de la mente, el modo con que aceptamos la vida y la interpretación que demos a los hechos y experiencias es el determinante factor de nuestro gozo o nuestra pena en este mundo.

XX

LOS ENEMIGOS DE LA PAZ DOMÉSTICA

Tenemos solícitos pensamientos para el extraño y sonrisas para el huésped; pero a menudo tratamos ásperamente a los nuestros, aunque los amamos predilectamente.

Alguna vez hemos encontrado en nuestro camino al hombre afable con sus consocios de casino, con sus amigos de tertulia y compañeros de negocios, pero que en su casa se quita la máscara y no se cree obligado a contener sus ímpetus ni moderar su lenguaje, sino que todo le parece mal hecho, maltrata a todo el mundo, todo lo recrimina y entra en su casa como toro escapado de la manada. Yo he visto a unos de estos tipos encolerizados en extremo, deponer su furia y volverse manso como un cordero al entrar una visita. Se hubiera dicho que había íntima conexión entre el timbre de la puerta y el temperamento de aquel hombre, porque cuando parecía que no le era posible dominarse, se apaciguó en un momento sin la menor dificultad al oír el tintineo, demostrando con ello que el dominio propio era para él cuestión más bien de vanidad y altanería y que se hubiera avergonzado de que la visita le viese presa de la ira.

A menudo se pasa este hombre toda la tarde y las horas de comer ceñudo y taciturno, sentado en un sillón sin el más leve intento de mostrarse agradable; pero en el casino o en los negocios, aunque las cosas le vayan mal, se cree obligado a dominar el carácter y parece amable, pues no quiere que sus amigos le vean tal cual es. Tiene demasiado orgullo y vanidad para tanto, y en cambio, no se cree en el deber de mostrarse afectuoso con los suyos, porque le parece que está en su perfecto derecho de hacer cuanto le venga en ganas, y ser precisamente tan ruin, rencoroso y antipático como resulta ser. Nada hace para dominarse ni vencerse.

Esta grosería y falta de compañerismo en la familia, y sobre todo entre marido y mujer, son capitales enemigos de la paz doméstica.

Desde luego que la mujer tiene a veces la culpa; pero, en cambio, está más cordialmente apegada al hogar que el hombre, cuyo mayor egoísmo le pone en necesidad de reconocer que es responsable de la dicha del hogar y de la armonía conyugal.

Dice a este propósito la señora Logan:

Aunque hay mujeres negligentes en ofrecer a sus maridos el auxilio necesario en la vida doméstica, son muchísimos más los hombres que, por egoísmo, no proporcionan a sus mujeres la oportunidad de prestarlo.

La mayor parte de los hombres no aciertan a comprender el ansia de cariño que sienten las mujeres. Le fuera tan imposible a la mujer vivir atormentada por el maltrato o la indiferencia sin la simpatía conyugal, como a la rosa desplegar su fragancia y hermosura sin los besos del sol. Tal es la razón de que tantas mujeres busquen en visitas y amistades fuera del hogar la simpatía que sus maridos les niegan.

Hay hombres que con no maltratar a su mujer y proporcionarle casa, comida y vestido, se figuran haber cumplido con su deber conyugal; pero los simples bienes materiales no asegurarán jamás la felicidad de la mujer que el hombre anhele para esposa.

Sucede a menudo que un hombre se casa con una hermosa, vivaracha y amable joven, que a poco de casada cambia por completo de carácter a causa del desvío de su esposo, que si bien no la maltrata, es riguroso en sus apreciaciones e injusto en sus exigencias. Rodeada la esposa de aquella sofocante atmósfera de recriminaciones, acaba por perder su espontaneidad y no le es posible manifestar sus verdaderos sentimientos, de lo que resulta un carácter artificioso y desabrido.

Imaginémonos el sufrimiento de una esposa que nota decaer poco a poco su ánimo, marchitarse su ingenio y desvanecerse en gallardía, juventud y belleza, con todos sus atractivos, porque vive encerrada en el helado ambiente del desamor.

Sé de un matrimonio que durante algunos meses estuvo en casa de unos amigos, sin que éstos vieran en todo aquel tiempo ni la más leve demostración de afecto por parte del marido a su mujer, que, no obstante, es superior a él en todos conceptos. Durante veinticinco años ha llevado la infortunada una existencia mísera y desamorosa, con un marido desdeñoso e indiferente a la comodidad, placer y dicha de su consorte. Ni una vez al año la lleva a parte alguna ni piensa en si necesita cambiar de aires o solazarse una temporada en el campo. Viaja solo o acompañado de amigos y jamás se detiene a considerar que debiera ir con su esposa. Este hombre no es áspero ni brutal, sino tan sólo indiferente con su mujer, para quien no tiene ni un átomo de cariño.

A muchas mujeres les aflige más la indiferencia que la brutalidad, si entre los malos tratos muestra el marido algún afecto.

La fría indiferencia es una de las cosas que el corazón femenino no puede soportar sin acerbos sufrimientos.

La indiferencia y la brutalidad son, evidentemente, modalidades del egoísmo, raíz de toda desdicha doméstica; pero no aparece tan a la vista aquel amor propio que muchos hombres toman por amor a sus esposas y que es una proyección de sí mismos en la mujer amada. Piensan más en su comodidad y bienestar, en el logro de sus ambiciones y en la satisfacción de su gusto, que, en la dicha de sus esposas.

Muchos hombres se figuran que no son egoístas, sino, por el contrario, generosos en la vida de familia; pero su pensamiento está de tal modo enfocado en sí mismos y en sus ambiciones, que sólo piensan en sus esposas por comodidad y propia conveniencia, mientras que el verdadero amor lo sacrifica todo por el ser amado.

Fortuna tiene el mundo de que el amor de la mujer no sea tan egoísta como el del hombre, porque si lo fuera, retrocedería la humanidad hasta la barbarie.

Cuando la mujer se entrega por completo a su marido, que antes del matrimonio se mostraba tan amante, obsequioso, solícito y rendido con ella, para después no pensar sino raras veces en aquellas atenciones tan estimadas por las mujeres y volverse reparón, desdeñoso y huraño, no puede por menos de sentirse infeliz por el desvío de su esposo. Imposible parece que un hombre tan amante y cumplido mientras aspiraba a la mano de su amada, se transmute en indiferente y brutal después de poseerla.

Para la mayor parte de los hombres, la poesía acaba en el matrimonio, como el interés del cazador se desvanece al cobrar la pieza.

He conocido a un matrimonio en que el esposo mostraba el mayor desafecto a su mujer y la trataba más como a criada que como a compañera. Si ella se quejaba de dolor de cabeza o se sentía indispuesta, no le mostraba él la menor solicitud, sino que, por el contrario, le parecían fingimientos y la abrumaba a sarcasmos. Nunca se esforzaba él en aligerarle la carga ni tenía para ella la menor consideración, ni aun la trataba cortésmente ni quería responsabilidad alguna en la crianza de los hijos ni en el gobierno de la casa, diciendo que no eran asuntos de su incumbencia.

Pasaba aquel hombre casi todas las tardes en el casino o en compañía de mujeres, según él mejores que la suya, y con ellas derrochaba el dinero de que en el hogar era avaro hasta el extremo de exigir las cuentas al céntimo. Tan descaradamente se enredó con otras mujeres, que a menudo las llevaba a su propia casa, donde la apenada esposa había de acogerlas con afecto y tratarlas con cariño.

Si alguien hay digno de lástima en el mundo es la esposa que, a cambio de amor y sacrificio, recibe indiferencia, menosprecio y a veces brutalidad. ¿No es criminal en el hombre sacar del feliz hogar paterno, tras breve noviazgo, a una joven hermosa, amante y animada, y después estrujarle el espíritu, helar su amor y desvanecer su felicidad con el egoísmo y la dureza de corazón? ¿Cabe mayor desengaño en la vida de una mujer, que verse menospreciada por la indiferencia de su marido en el hogar donde tantos sueños de amor forjara?

Los celos y recelos envenenan la atmósfera de la familia y en donde entran no puede haber paz doméstica. Los recién casados no deberían permitir jamás que se pusiera el sol sin deponer su enojo. Los que se aman profundamente creen que nunca tendrán la menor desavenencia; pero la mayor parte de matrimonios suelen enojarse por cosas de leve importancia, que evitarían si tomaran la resolución de no irse a la cama sin haberse antes reconciliado.

Dice un escritor:

Somos muy fáciles de ofendernos. Hay matrimonios que en disputas sobre cosas de mínima importancia se agravian mutuamente y el marido sale de casa sin darle a su mujer el acostumbrado beso, quedando uno y otro todo el día disgustados y pesarosos con olvido del tiempo en que para él era ella la mujer ideal y él era para ella el único elegido entre todos los hijos de la tierra. Por una miserable nonada se pelean con mutua ofensa, sin echar de ver que no vale la pena tan poca cosa para desbaratar la felicidad del día. Si se detuvieran a reflexionar algún tanto, se avergonzarían uno de otro y se pedirían perdón, con propósito de no turbar la armonía conyugal y la paz del hogar por cosas insignificantes.

A esto añade muy acertadamente la difunta poetisa Margarita Sangster:

Si esta mañana hubiese sabido cuán fatigosamente iban a turbarme todo el día las ásperas palabras que te dije al marcharte, hubiese tenido más cuidado de no apenarte sin necesidad alguna. Pero solemos desazonar a los nuestros con miradas y voces cuyo efecto no podemos impedir. Porque aunque en la plácida mañana me des el beso de paz, siempre mantendré aquella pena en el corazón. ¡Cuántos salen de su casa por la mañana y no vuelven por la noche! Los corazones quebrantados por duras palabras dicen que la tristeza está con ellos.

Tenemos solícitos pensamientos para el extraño y sonrisas para el temporáneo huésped; pero a menudo guardamos para los nuestros las palabras amargas. ¡Ah! labios que hacéis muecas de disgusto. ¡Ah! entrecejo sombreado por el desprecio. Tal vez el hado cruel no consienta que la tarda noche deshaga la obra de la mañana.

Un hijo le decía a su madre moribunda: "Has sido la mejor madre del mundo." La moribunda volvió hacia él sus apagados ojos y repuso: "¿Por qué no me lo dijiste antes de ahora, Juan?"

Era aquella mujer una viuda que, para educar a su hijo, había trabajado de firme en las fatigosas faenas de lavar ropa y fregar suelos; pero por vez primera oía en labios de él palabras de agradecimiento.

Imaginemos cuán valioso hubiera sido para aquella pobre y sufrida madre que su hijo le hubiera demostrado amor y estimación en vida.

¡Cómo hubiese iluminado esta muestra de cariño la vejez de la fatigada madre!

Pensemos en lo que ha de soportar la madre de una docena de hijos varones, sin ninguna hija que pueda ayudarla a coser, lavar, guisar y barrer. ¿Sería capaz un hombre de llevar esta monótona vida, año tras otro, encerrado en casa, sin poder ir a ninguna parte? ¿Cómo conservaría el buen humor? Unos cuantos días de reclusión en el hogar es todo lo más que pueden sufrir los hombres sobre todo cuando hay algún enfermo que turba el sueño por las noches.

Pocos hombres se hacen cargo de cuán prontamente se desmejora una mujer y se le anubla el humor cuando trabaja como una esclava todo el día y gran parte de la noche en el cuidado de una familia numerosa. Precisamente por el interés que pone la mujer en ayudar a su marido en todo cuanto pueda no debiera éste consentir que arruinara su salud y marchitase su belleza quitándole todo apego a la vida. Nada más penoso y quebrantador de la salud que el exacto cumplimiento de los deberes de ama de casa. El marido se distrae durante el día en el negocio; pero la mujer arrastra una vida monótona en la esclavitud del hogar. Año tras año se afana y esfuerza diariamente en el gobierno de la casa y el cuidado de los hijos que, por lo penoso y monótono, consume rápidamente la vida.

El marido disfruta de frecuentes variaciones, que le descansan y reaniman; pero la mayor parte de las casadas están sujetas a una labor rutinaria y fatigosa.

No obstante, la madre ha de ser manantial de gozo doméstico.

Muchos hombres se ponen de mal humor al llegar a casa, porque su mujer no está tan alegre y animada y cariñosa como quisieran, sin tener en cuenta que está rendida de fatiga por haber trabajado todo el día en el cumplimiento de sus obligaciones domésticas; pero ¿qué hace el marido para distraerla? ¿Cuántas veces se la llevó consigo a pasar una tarde de esparcimiento? ¿La obsequió con flores, dulces, libros o algún menudo regalo que demostrase haber pensado en ella? ¿Cuántas veces prescindió del casino, de sus amigos, de sus recreos para permanecer al lado de ella y ayudarle en el cuidado de los hijos o hacerle agradable la velada?

El hogar es el punto donde, fatigados del trabajo del día, se reúnen los individuos de la familia. Los niños vienen cansados de la escuela o rendidos por el juego; al padre no le han resultado las cosas a su gusto, y como durante todo el día hubo de disimular el mal humor; porque su amor propio le impedía descomponerse en presencia de los extraños, descarga al entrar en casa su concentrada iracundia, y la mujer y los hijos pagan ajenas culpas. En vez de llevar al hogar doméstico sus más renovadas energías v su más pujante espíritu, reserva para él cuanto de ingrato hubo de reprimir o contener en el cotidiano trato social, y después se sorprende de que su esposa y sus hijos no le reciban echándosele cariñosos al cuello en demostración del gozo que experimentan al verle.

La paz doméstica demanda que las horas de comer sean otras tantas ocasiones de proporcionar un rato de expansión a los individuos de la familia en amena y cordial conversación, por lo que conviene acostumbrar a los niños a que en la mesa manifiesten sus mejores sentimientos.

Algunas familias tienen la sana costumbre de amenizar las comidas con cuentos de honesto regocijo, de modo que da gusto sentarse convidado a su mesa, pues se pasa un rato delicioso en su compañía y se establece entre todos los comensales la airosa porfía de agudezas y donaires.

Conviene establecer la costumbre de que las comidas sean un verdadero asueto y que la llegada del jefe de la familia signifique para los niños el anuncio de un rato de expansión.

Pensemos en que de nosotros depende hacer de nuestro hogar el sitio más dichoso de la tierra, tan agradable y atractivo; que nuestros hijos prefieran pasar en él la tarde a emplearla en diversiones callejeras. No receléis de que armen un poco de barullo o que, alguna que otra vez, estropeen o rompan un mueble, pues mucho más preferible es esto a la estupidez, la dispepsia y las recetas de médicos. Por excesivo miramiento a muebles y vestidos, suele entorpecerse el desarrollo de los niños.

La mayor parte de los hombres derraman durante el día su buen humor con los extraños, y al llegar por la noche a su casa sólo llevan la parte agria de su carácter. Entonces les sorprende que su esposa no se muestre tan expansiva y animada como antes solía, sin pensar en que ahora se presentan ante ella adustos y esquivos, a diferencia de cuando se mostraban solícitos y cariñosos. El mal humor, la depresión moral del padre de familia paraliza el jubiloso jugueteo de los hijos y sofoca el gozo de la paz doméstica.

XXI

INFLUENCIA DE LOS GOCES DOMÉSTICOS

De los tejados de la aldea suben columnas de azulado humo que, como nubes de incienso, se levantan de cien corazones satisfechos en la paz del hogar.

—LONGFELLOW.

De familias pobres eran los más felices hogares que vi en mi vida. No estaba el suelo alfombrado, ni de las paredes pendían costosos cuadros, ni se veían piano, biblioteca y obras de arte; pero, en cambio, había paz, contento, satisfacción, desinterés y cada cual contribuía en lo posible a la felicidad de todos, esforzándose en compensar con su inteligencia y afabilidad la pobreza de su situación.

Lastimoso espectáculo es el del hombre que sólo se ocupa en amontonar riquezas sin atender al verdadero fin de su vida, que es la expansión de la propia individualidad, para compartir con su esposa e hijos la dicha del alma.

Con oro pueden adquirirse alhajas y palacios; pero no se puede comprar ni construir un hogar. Los espirituales tesoros de ternura, abnegación, amabilidad y paz transforman las más humildes moradas en suntuosos alcázares del corazón.

El recién casado ha de tener en cuenta que si la mujer se sacrifica por el hombre a quien ama, debe él evitarle inútiles disgustos. Si los cónyuges tuvieran este mutuo cuidado, quedarían en vacación forzosa los tribunales de divorcio.

Suelen figurarse los maridos que son superiores a sus mujeres porque sostienen la casa, y les parece mayor habilidad la de ganar dinero. Sin embargo, mucha parte del éxito corresponde al tacto, discreción y tino con que la esposa mantiene la felicidad del hogar, cuidando de que su marido esté siempre bien dispuesto para el trabajo, preservándole de la disipación y demás siniestras influencias que, si por ella no fuese, quebrantarían su aptitud y aminorarían su eficacia para ganar el sustento de la familia.

Muchos maridos deben al cuidado de sus esposas la salud de que disfrutan, el normal ejercicio de sus facultades y el bienestar económico de que gozan. Un hogar modelo es la mejor escuela para el hombre, pues le mantiene en dignidad de conducta y le libra de la tristeza y el desaliento, robusteciendo los elementos afectivos de su naturaleza y dando a su carácter mayor fortaleza y equilibrio. La valía personal del hombre sube de punto por la influencia de la paz y concordia del hogar doméstico.

He conocido y conozco mujeres que, sin pretensiones de fama y nombradía, labraron con sus insinuaciones la reputación de célebres estadistas; y otras hay cuya auxiliadora influencia sobre el marido es tan oculta, que ni él mismo la advierte.

Se ha dicho que el matrimonio es un episodio en la vida del hombre y toda una época en la de la mujer, porque muchos maridos no aman a sus esposas tan ardientemente como ellas a ellos, y una esposa abnegada perdona prontamente cualquier desliz de su marido, cuyo amor, en cambio, se despega con mayor facilidad que el de la esposa, que ama lo mismo que antes que después del matrimonio.

El hombre no ama con igual intensidad que la mujer. Su amor es más egoísta. Pero cuando una mujer honrada entrega su amor es para siempre y no ama por egoísmo, ni su afecto depende de los atractivos personales del hombre, como éste lo busca en ella.

Verdad es que las casadas cometen a veces el fatal error de no cuidar de su persona tan atildadamente como antes del matrimonio, pues se figuran que pueden conservar el amor de su marido por sus méritos intrínsecos, sin miramiento a sus personales encantos, aspecto y vestido.

Quien esté disgustado de su vida marital, haga examen de conciencia por ver si le cabe o no buena parte de la culpa. No tiene la mujer estímulo para el amor conyugal cuando su marido no detiene la vista en ella ni se fija en cómo va arreglada, a no ser para criticar su atavío. No es fácil que sea decidora y animada la mujer que, por toda respuesta, recibe de su marido desaires y refunfuños. Por sí sola no puede labrar la dicha doméstica.

¿Por qué hemos de hablar a nuestra esposa en un tono que no nos atreveríamos a emplear con ninguna otra mujer? Sed cariñosos y amables; dejad de ser reparones, y advertiréis la eficacia del buen trato.

Dice a este propósito Dorotea Dix, que la alabanza estimula el corazón y que el vituperio lo deprime.

A lo que añade Ella Wheeler Wilcox:

Si supieras que tu mujer había de morir dentro de un mes ¿cómo te portarías con ella en aquellos treinta días? ¿Te enojarías por nonadas, por el retraso de la comida, por una equivocación en acudir a determinado lugar en hora dada y te mostrarías irritado y hostil contra la compañera de tu vida? Seguramente que no. Por el contrario, la tratarías con amabilidad y cariño al considerar que pronto se iba a ocultar de tu vista aquel rostro y apagarse para siempre en tus oídos aquella voz. Verías en ella todas las cualidades; te acordarías de cuando erais novios y tendrías para sus faltas las mismas excusas que en aquella romántica época...

¿Por qué no emplear la misma suavidad, el mismo afecto y cortesía con el cónyuge en situación de vivir veinte años más, que con el que ha de morir muy luego? Cuando los consortes están debidamente unidos, la verdadera novela empieza el día de la boda.

La mayoría de los hombres no se percatan de cuán poco cuesta labrar la dicha de una mujer. Si sus afectos están satisfechos, soportará toda clase de privaciones y formará un hogar tranquilo con los suaves sentimientos de su corazón; pero si padece sed de amorosa correspondencia, se irá marchitando y nada podrá satisfacerla, aunque viva en un palacio y esté rodeada de regias suntuosidades. No hay oro bastante a compensar la falta de estimación y afecto que nota en su desatento marido.

Todos los recién casados habrían de proponerse vivir modestamente y mantener no sólo el amor conyugal, sino su manifestación, exteriorizada en mil delicadas y solícitas atenciones. En la dicha del hogar está la fuerza del matrimonio. Porque no sólo el sentimiento, sino su conformidad con las acciones, se ha de tener en cuenta para la armonía y satisfacción conyugal. Un marido discreto evitará todo rozamiento ocasionado a disputas, y al efecto, no hay medio mejor que dejar a la mujer el gobierno de la casa con tanta libertad como el marido se las compone en sus negocios sin injerencia de la esposa. El hogar ha de ser el imperio de la mujer, que debe gobernarlo según sus luces. Aunque, cuando lo considere conveniente, pida consejo al marido, el hogar es de absoluto dominio de la esposa, con tanta independencia como el marido en la esfera de sus negocios. Gran número de las desavenencias conyugales se promueven por cuestiones de dinero y pudieran evitarse con sólo poner de común acuerdo un poco de orden en el presupuesto doméstico.

Pocos hombres hay que sepan administrar la hacienda doméstica con tanta discreción y tino como la mujer laboriosa. Afortunadamente, se va extendiendo la costumbre de que los maridos entreguen a sus mujeres, semanal o mensualmente, la cantidad necesaria para el porte de la casa y el pago de alquiler, criados, ropa y manutención, sin pedirles cuentas del empleo ni que por tal motivo surjan disturbios. La esposa se complace en su independencia y de este modo no es tan fácil que se perturbe la armonía conyugal, como cuando el ama de casa ha de pedir el dinero a medida que lo va necesitando. Si la libertad y el gozo son patrimonio de la esposa, llegarán también a ser herencia de los hijos, y una niñez feliz es eficacísima preparación a una feliz virilidad.

Muchos padres de familia son en demasía rigurosos. ¿Por qué no dejan jugar a los niños con todo el júbilo de su corazón? Bastante habrán de luchar más tarde con las asperezas de la vida y los obstáculos del mundo. Démosles, al menos en el hogar, tanta felicidad como sea posible, de modo que si algún día les acomete el infortunio recuerden de su niñez la casa paterna y la vean, en la evocación de pasados tiempos, como un ameno, hermoso y encantador oasis de su vida, como el lugar más dichoso de la tierra.

Muy conveniente es proveer al hogar doméstico de agradables entretenimientos y honestos solaces, porque si los chicos van sueltos por las calles no aprenderán más que vicios y malicias. El hogar ha de ser una especie de escenario para toda clase de juegos y deportes infantiles en que los niños tomen parte principal, con la prudente intervención de las personas mayores, pues la experiencia demuestra que tras tarde de bullicioso juego duermen los niños mucho más descansadamente y se les despeja la cabeza para trabajar con mayor ardimiento al otro día. Todos hemos sentido los poderosos alientos, la maravillosa consolación, el rejuvenecimiento y refrigerio dimanante de un alegre rato de asueto con la familia y los amigos después de un fatigoso día de trabajo. ¡Cuán poderosamente influye una hora de expansión doméstica en los ánimos fatigados!

No dejéis a seros posible, de tener música en casa, porque la música restaura y mantiene el equilibrio moral y es excelente medicina de las enfermedades nerviosas y mentales.

Dice sobre el caso Platón:

La música da alma al universo, alas a la mente, vuelos a la imaginación, consuelo a la tristeza y vida y alegría a todas las cosas.

La felicidad ha de tener su origen en el hogar. La familia, reunida a las horas de comer, debe rebosar de satisfacción y contento, que serán la mejor salsa y aderezo de los manjares, cuyo provecho en la salud del cuerpo contrastará con las dolencias que provienen de una comida siniestramente acompañada de pendencias y sinsabores. Todos los individuos de la familia han de considerar la mesa como un lugar de gozosa expansión y cordial esparcimiento del ánimo entre regocijadas y donosas pláticas.

¡Quién fuera capaz de imaginar lo que la civilización debe al anhelo del hombre de tener hogar propio! ¡Cómo le han estimulado al trabajo en todos los tiempos y países! Por este anhelo perseveran los jóvenes en el trabajo y recobran alientos cuando empiezan a notar decaimiento de ánimo. La imaginativa representación del hogar, de un pequeño cortijo a cuya puerta espere su linda compañera, ha sido siempre el incentivo de la lucha por la existencia. El sueño de la "casa propia" ha sacado de la oscuridad a multitud de jóvenes y ningún espoleo hubo en el mundo tan vivamente eficaz como la esperanza del hogar independiente. El pensamiento de su casa, su esposa y sus hijos, más queridos para él que la misma vida, mantiene al hombre sujeto a la espinosa labor cotidiana cuando no ve otra luz en lontananza. Para muchísimas gentes el hogar es el único oasis en el desierto de su vida.

¿Qué no hace el hombre para constituir familia? Cruza los mares y explora los continentes; soporta el calor de los trópicos y el frío de los polos; mina el suelo en los yermos y vive durante años lejos de las gentes civilizadas. El hogar es la más dulce palabra de un idioma y siempre fue tema predilecto del poeta, el dramaturgo y el artista. La historia abunda en hazañas de hombres anhelosos de hogar propio.

La mitad de las miserias del mundo podrían evitarse, si las familias se resolvieran a tener en casa copiosa variedad de entretenimientos, en vez de buscarlos fuera.

Niños y jóvenes apetecen irresistiblemente los juegos y diversiones, de modo que si los encontraran en el hogar no sería difícil mantenerlos gustosos bajo el techo paterno.

A mi entender, hacen mal los padres que por las noches llevan a los niños a cualquier sitio de diversión, donde les parece que han de pasar un buen rato. Por el contrario, el hogar alegre y dichoso es el más poderoso imán para niños y hombres. La sagrada memoria del hogar ha salvado a muchos de la abyección y del crimen.

El esparcimiento de ánimo es la mejor medicina, no sólo para los niños, sino también para los padres. Dádsela a grandes dosis, pues, además de ahorraros muchas visitas de médicos, acrecentará su dicha y multiplicará sus posibilidades de éxito en la vida. No necesitaríamos tantas cárceles, asilos y hospicios, si todos los niños tuviesen niñez dichosa.

Los lemas del hogar dichoso han de ser:

"Para el descanso y la felicidad."

"No se permite la entrada a las desazones del negocio."

Los goces de la familia son para el bien la palanca más poderosa

del mundo.

XXII

PELIGROS DEL
ANHELO
CONTRARIADO

"Quien, a juicio de los hombres, posea especiales dotes tiene el deber de no descansar hasta alzarse a la altura de su mejor dote."

Vemos a menudo que una joven ingeniosa, entusiasta, apasionada de la música y de mucho talento se casa con un comerciante y queda como enterrada en su casa, porque si bien el marido la ama tiernamente, no estima en nada su talento ni hace el menor caso de él. Si al cabo del tiempo se desanima o entristece la esposa, se figura el marido que podría reponerse con sólo cambiar de aires, hacer una excursión recreativa o mudar de casa. Pero nada de esto la mejora, porque la consumen ardentísimas ansias que ningún bien mundano puede satisfacer. Hay en nuestro interior algo que no se mantiene con dinero ni cosa alguna vendible, y este anhelo contrariado es precisamente lo que apesadumbra y deprime a la joven esposa.

Por doquiera vemos personas de madurez temprana que parecen haber perdido el entusiasmo por todo, como si no encontraran interés alguno en la vida. ¿Por qué han de ser tan infelices?

Las mujeres disponen de maravillosos recursos para disimular sus contrariedades y encubrir este linaje de pena, que pueden malograr toda una vida. El hombre se rebelaría en tales circunstancias; pero la mujer sufre a menudo en silencio, mientras su marido le coarta las aspiraciones.

Nadie es capaz de presumir el sacrificio de quienes renuncian a sus anhelos, y se ven en la precisión de emplearse en trabajos contrarios a su gusto, porque han de mantener al hermanito lisiado o al padre paralítico. Como águila cautiva que se debate contra los barrotes de la jaula, así los anhelosos de remontarse a las regiones etéreas han de tragarse el nudo que se les forma en la garganta y desollarse en el roce con la contrariedad. Nada más lastimoso en este mundo que el tormento de un anhele imposible de lograr. Uno de los más inexplicables problemas de la vida es la falta de posibilidad de realizar nuestras vehementes aspiraciones. Hacemos con gusto aquello de que nos vemos capaces; pero heroica virtud se necesita para sufrir en silencio, soportar con paciencia y trabajar fielmente cuando el corazón se ve defraudado en su ideal, con las aspiraciones quebrantadas y las esperanzas desvanecidas. Suspiramos por la libertad de poder levantar el vuelo y desplegar las alas que Dios nos dio, y gin embargo, perdemos nuestro poder porque no podemos ejercitarlo. Malgastamos la vida y debilitamos nuestras fuerzas en mezquinos empeños y ruines ocupaciones.

Excepto el remordimiento, no hay sufrir tan acerbo como el dimanante de un anhelo contrariado, de una esperanza desvanecida o de una aspiración tronchada.

Mucho valor se necesita para estar convencidos de que poseemos positiva aptitud para determinada profesión y vernos forzados por las circunstancias a la servidumbre de ingratas tareas. Decisiva prueba de viril abnegación es ahogar en el fondo del alma dolorida las ansias desbordantes de nuestras contrariadas aspiraciones, mostrándonos cariñosos y solícitos con los mismos por cuyo amor las sacrificamos.

Fácilmente vituperamos a quienes no han prosperado en el mundo tanto como nosotros, sin reparar que acaso sea mucho mayor su heroísmo, ni presumir los sufrimientos y tragedias que laceran su corazón al ver desvanecidas sus esperanzas y quebrantadas sus aspiraciones; porque horrible tormento es pasar la vida sin la menor posibilidad de satisfacer las hambres del alma ni de realizar los anhelos del corazón. Únicamente puede esto compensarse por el sentimiento del deber cumplido, por la alegría de haber evitado el perjuicio que otros hubieran sufrido en caso de lograr nosotros nuestras aspiraciones. La mayor victoria es la que se obtiene de aparente derrota.

Adherios a vuestro ideal. Si sofocáis vuestras aspiraciones y dejáis marchitar vuestro talento, se corromperá toda vuestra naturaleza y quedaréis abiertos a todo linaje de tentaciones. Nuestra mayor salvaguardia está en ir en pos de un ideal que satisfaga nuestras necesidades espirituales, afirme nuestros propósitos y normalice nuestra vida, porque nadie está seguro cuando por cualquier motivo se aparta de su aspiración suprema.

Cuando el hombre se ocupa en una labor de su gusto, queda libre de mil tentaciones que, de otro modo, le halagarían con toda clase de perjudiciales y ruinosas apetencias.

El hombre ha sido creado para la acción. Ha de ejercitar la mente, y si con rectitud la ejercita, acrecentará su salud y experimentará un vivo sentimiento de satisfacción que, a su vez, le sirva de estímulo para realzar su naturaleza y proseguir con sucesivo éxito en el logro de sus supremas aspiraciones. Por no poder realizarlas vemos muchos hombres achicados, encogidos y enervados, que en el camino de su ideal hubieran sido gigantes y fuera de él son pigmeos.

Verdaderamente es tremenda agonía estar convencido de tener natural capacidad y verse impotente para emplearla; sentir que pasan los años y no adelantar un paso en la vida; percatarse de que el tiempo transcurre sin obtener resultados positivos de nuestro esfuerzo; ver que cada vez se alejan más de nuestro alcance los elementos de éxito; transponer el promedio de la vida sin haber hecho nada notable, y sin embargo, sentirse espoleado por el anhelo de altas empresas, cuyas oportunidades se nos escapan insensiblemente.

Nada hay tan importante en la vida como colocarse en el lugar apropiado, con lo cual no necesitamos incentivos ni estimulantes, ya que el normal ejercicio de nuestras facultades nos servirán de tónico para mantenernos en nuestra labor. Nadie realizó a la fuerza empresas memorables, pues si no se pone el corazón en ellas faltará la vida y la fuerza necesarias para realizarlas.

Honda pena causa el convencimiento de que somos capaces de nobles empresas, y sin embargo, vernos imposibilitados de realizarlas por circunstancias superiores a nuestra voluntad, que nos fuerzan a ganarnos la vida trabajosamente, cuando hubiéramos podido ganárnosla con desahogo.

Las aspiraciones contrariadas desquician de su órbita normal la naturaleza humana. Cada cual sabe que podrá cumplir perfectamente la labor para que haya nacido y que fracasará en cualquier otra.

Es muy fácil decir que el hombre es una criatura susceptible de adaptación, y que, por lo tanto, puede acomodarse a cualquier condición que le rodee; pero si el trabajo no se adapta a sus aptitudes, jamás sobresaldrá en él ni lo llevará a cabo con el debido celo y entusiasmo.

¿Quién será capaz de describir el sentimiento de triunfo que invade al inventor, el gozo que le inunda cuando ve por primera vez el mecanismo salido de su cerebro y de sus manos, que ha de mejorar las penosas condiciones del género humano y emancipar de tareas fatigosas al obrero?

¿Quién imaginará la satisfacción del científico que, tras largos años de batallar con la pobreza, el menosprecio y la incomprensión, logra arrancar a la naturaleza algún secreto cuyas aplicaciones beneficien a la humanidad?

El ejercicio de las facultades creadoras en el estudio y resolución de los grandes problemas es un poderoso tónico mental que aventaja a cualquier otra satisfacción. ¡Qué diferencia entre el hombre apático, desabrido, de mente débil, sin definido propósito en la vida y el hombre de recia voluntad cuyas internas fuerzas le impelen a realizar altas empresas!

Todos tenemos el instintivo sentimiento de que actuamos favorecidos por el supremo poder de Dios, que nos impele al logro del más alto ideal.

XXIII

LA OCIOSIDAD ES

DESDICHA

La ociosidad es una perpetua desesperación.

— Carlyle

El sha de Persia contemplaba admirado un baile de parejas, y decía: "¿No pueden estas gentes pagar a quien baile por ellas?" Pensaba el sha que ver el baile era más agradable que bailar.

Dice a este propósito Carlota Perkins Gilman:

Los más puros placeres de la vida arrancan más bien de la expresión que la sensación. Más placentero es pintar un cuadro que contemplarlo y más agradable es cantar que oír el canto. Dotado el ser humano de todos los medios imaginables de deleite, muy pronto agota el placer que le causa la posesión de objetos agradables; pero cuando abre amplio cauce al flujo de sus energías, nunca consume el placer de actualizarlas en la acción. La potencia receptiva de un organismo no es tan grande como su potencia donadora. La expresión aventaja a la impresión. Locamente nos figuramos que vale más poseer las cosas que hacerlas, y este error sube de punto cuando eludimos el trabajo y admiramos a su ejecutor.

Si de pronto desapareciera el fruto de los hombres laboriosos, con sus ferrocarriles, transatlánticos, teléfonos y cuantos descubrimientos e invenciones han acelerado el progreso humano y nos viéramos sometidos al capricho de los holgazanes, ¡cuán triste fuera la suerte del mundo!

El trabajo mantiene la salud, el contento y la dicha del hombre y le preserva del tedio y aburrimiento. La felicidad es incompatible con la holgazanería de una vida sin ideal, ni la máquina humana está construida para permanecer ociosa, pues todo indica en ella la necesidad de firme y vigorosa acción.

La felicidad dimana del normal ejercicio de nuestras facultades, que cuando no les damos frecuente aplicación se debilitan, alterando la armonía psíquica, aparte de que, al negar nuestro concurso a la obra colectiva de la humanidad, lastimamos el universal sentimiento de justicia.

Uno de los más desconsoladores aspectos de la vida moderna es el cada vez mayor número de gentes que, sin levantados propósitos ni nobles ideales, quedan esclavizados por la apetencia del lucro para procurarse placeres cuyo resultado final es el hastío, porque la verdadera y durable satisfacción sólo se halla en las obras positivamente beneficiosas para la humanidad.

El rico ocioso no puede ser feliz en modo alguno, ya que continuamente le atormenta el convencimiento de su inferioridad personal, derivada de la inacción en que mantiene sus facultades. La naturaleza desintegra y destruye todo cuanto no tiene adecuado empleo y servicio útil; por consiguiente, quien anhele la dicha, no sólo ha de ser activo, sino que ha de hacer lo mejor que pueda todo cuanto haga, pues, de lo contrario, el remordimiento enturbiará su felicidad.

No puede ser dichoso el hombre que repugne colaborar en la obra de la humanidad, y en cambio, no repare en aprovecharse, sin la debida compensación por su parte, de cuantos frutos acopiaron los laboriosos operarios del progreso mundial. La honradez es uno de los elementos constitutivos de la dicha humana, y no puede ser honrado quien repugna trabajar en la medida de sus fuerzas.

Hay jóvenes de familias ricas que en su vida trabajaron un solo día ni ganaron con su esfuerzo lo suficiente para comprarse un traje, y sin embargo, les oímos lamentarse de las fatigas que les causan sus viajes y diversiones, como si ya estuviesen estos haraganes cansados de vivir.

Con mayor satisfacción que de los heredados disfrutamos de los bienes adquiridos por nuestro propio esfuerzo y considerados como parte de nuestro ser.

El holgazán no conoce el placer de los días festivos, como el hombre laborioso que se tiene bien ganado su recreo.

Tiempo ha de llegar en que los zánganos humanos queden expulsados de la sociedad por inútiles, como robadores del fruto de los hombres laboriosos. No es posible que el holgazán y perezoso tenga estimación de sí mismo, pues de tenerla le remordería la conciencia diciéndole que es fea y cobarde cosa aprovecharse del trabajo ajeno y quedar ocioso, mientras los que trabajan apenas disfrutan de placer alguno ni pueden vivir cual conviene a la dignidad de la persona humana.

Nadie se lisonjee de alcanzar la felicidad si no es en algún modo útil a sus semejantes, pues la felicidad es hermana gemela del amor al prójimo.

Tan imposible es la dicha en el perezoso, como el normal funcionamiento de un delicado cronómetro si se le tiene mucho tiempo parado; y así preciso es que el hombre converja todas sus energías a un noble propósito, so pena de perder la alegría del vivir.

Cuando un hombre se entrega a la ociosidad, muy luego se ve incapaz de reanudar el trabajo y le asalta el sentimiento de su inferioridad respecto del hombre laborioso. No hay en el universo lugar adecuado para el holgazán, pues todo en la vida tiene su provecho, utilidad y servicio, por lo que el ocioso ha de ser forzosamente detestado, inútil y miserable.

XXIV

LOS GOCES DEL TRABAJO

Nada como el trabajo para infundir amor a la Vida.Dichoso el que trabaja.

— Renan.

La base de la salud y de la felicidad está en cumplir gustosamente nuestra tarea y no mirarla como enojosa servidumbre. El trabajo ha de ser estímulo y no molestia, para que la vida sea deleite y no lucha.

El trabajo, que muchos miran como maldición lanzada contra el hombre por su pecado, es, contrariamente, el camino que conduce a las cumbres de la felicidad. No es vil fatiga, sino bendita ocupación que actualiza todas nuestras energías y nos predispone al honesto esparcimiento.

El trabajo es la mayor bendición del hombre, porque la mente activa está libre de tentaciones, y por lo tanto, es el trabajo doble bendición para las mentes débiles, como lo demuestra que infinidad de gentes se salvaron de la disipación y del vicio con sólo dedicarse al trabajo.

Una carrera, oficio o empleo para el cual se tenga vocación, es un poderoso educador del carácter, por lo mucho que vigoriza todas nuestras facultades con el continuado ejercicio, y nos proporciona interesante placer, pues ley de la naturaleza es que se atrofie y destruya todo cuanto no se ejercita provechosamente, ya sea una máquina industrial, ya el cerebro humano. Pero cuando no hay vocación ni gusto por la ocupación, y el trabajo se convierte en fatigosa mecánica, pierde el hombre la flexibilidad mental y gallardía de espíritu necesarias para no considerarlo un infortunio del que espera librarse en cuanto se lo consienta la prosperidad. La historia, con sus experiencias, nos enseña que los hombres más activos son los más felices, porque, en efecto, la pereza es una tremenda maldición y el irreductible enemigo de la dicha humana, el holgazán, por caudales que posea, es el hombre más desgraciado del mundo, pues el dinero no puede sustituir de por sí al trabajo. Todo hombre tiene el deber de trabajar; pero la diferencia está en si trabaja con afición, como ser inteligente, o si trabaja a disgusto con la inconsciencia de una máquina. Bien es verdad que no siempre puede el hombre escoger la ocupación más de su gusto, pero sí puede cumplirla con placentero ánimo y cordial predisposición, porque no hay trabajo tan penoso y embrutecedor que sofoque la respiración del alma.

Nunca quiso Dios que el trabajo fuese una pena, sino un goce, como sucede en las casas comerciales donde prevalecen la moralidad, la armonía y el bien, y por lo tanto, se trabaja más y mejor que en otras partes. La mente sosegada y la placentera disposición de ánimo son el capital que rinde más cuantiosos dividendos. Si vosotros y quienes os rodeen estáis contentos y sois felices atraeréis los negocios a vosotros.

Desde luego que nadie se libra en esta vida de contratiempos, tribulaciones y disgustos; pero hemos de formar el propósito de que ninguna contrariedad turbe nuestra mente ni quebrante nuestra felicidad, porque muy aflictivo es ir cargados con pesadumbres sin importancia, que nos quitan la alegría y satisfacción de la vida.

Sea como quiera vuestro negocio mercantil, echaréis de ver que ningún dispendio puede seros tan reproductivo como el de las energías empleadas en difundir la cordialidad entre el personal de vuestra dependencia, porque la suspicacia, la dureza de trato, la altanería y el excesivo rigor provocaron siempre el fracaso, y muchos dueños no prosperaron en sus negocios por la brutal y áspera manera de tratar a los dependientes, sofocando en ellos toda iniciativa, desvaneciendo sus esperanzas, matando su espontaneidad y convirtiendo el trabajo ennoblecedor en deprimente y árida servidumbre.

Ya se percatan muchos comerciantes de cuan conveniente es para ellos no sólo el bienestar, sino la felicidad de los dependientes, y comprenden que el gasto más remunerador es el empleado en beneficio de éstos, pues tanto más y mejor trabaja el hombre cuanto mayor es la recompensa moral y material que recibe por su trabajo. La actitud de la mente tiene muchísima importancia en la calidad y cantidad de nuestra labor, y si aquélla está conturbada o inquieta, no funcionará debidamente nuestro cerebro ni nuestras facultades darán de sí todo el fruto posible.

Si eres dependiente, no vayas a ocupar tu puesto con lastimeras predisposiciones de pereza, angustia y miseria, sino que has de adueñarte de la situación en vez de esclavizarte a ella. Sobreponte a las menudas molestias que turban la paz y la armonía y piensa que tu magnanimidad no permite que contra ti prevalezcan las fruslerías. Haz propósito de dominar el negocio y sobrepujarlo con serenidad y valentía.

La mejor política comercial será cumplir con el deber de hermosear y embellecer, en cuanto nos sea posible, la vida de quienes nos ayudan a llevar adelante el negocio, pues bien sabemos que no hace mucho camino sin rendirse el caballo sujeto continuamente al freno y herido por el látigo y las espuelas, mientras que resiste largas jornadas cuando lo estimulamos con suavidad de voz y blandura de trato. Por lo que toca a la influencia del cariño, no es diferente el hombre de los animales. Nadie espere que sus dependientes tengan buen ánimo para trabajar con ahínco, si se ven heridos por el espoleo de caras hoscas y el latigazo de lenguas insultantes. La energía es un aspecto del entusiasmo; y ¿cómo podrán ser entusiastas y enérgicos los dependientes envueltos en una atmósfera de melancolía y desconfianza, que recelan una granizada de improperios y denuestos cada vez que pasa el dueño por su lado?

Nada contribuirá con tanta eficacia a nuestra felicidad como la optimista costumbre de verlo todo con placentero, esperanzado y cariñoso ánimo, de suerte que ilumine el camino de la vida.

El optimismo es un grandioso credo y la filosofía más a propósito para aplicarla a la vida cotidiana. De indecible valía es la costumbre de esperar el mejor provecho de nuestro trabajo y de mirar personas y cosas bajo su más luminoso aspecto. Es la prueba de una mente sana y pura.

Dice sobre el caso Gladstone:

En el trabajo hallé mi mayor dicha. Desde muy niño contraje hábitos de laboriosidad, que en sí llevaron la recompensa.

Muchas gentes son pesimistas porque no advierten relación alguna entre la prosa efectiva de la vida y la idea de que debiera ser un continuado gozo y una perpetua complacencia, sin comprender cómo es posible libar mieles en las amargas flores de la vida. Para ellas el trabajo es una maldición.

La dificultad está en que la mayor parte de los negociantes se esfuerzan en trabajar más allá de su capacidad.

Dice sobre el particular el Dr. Tomás R. Slicer:

La infelicidad de la vida proviene de la agitación con que la llevamos. No consiste en el trabajo, sino en el tedio. El trabajo útil, intensivo y bien ordenado no mata a nadie; pero la precipitación, la premura en hacer en una hora lo que exige dos es causa de infelicidad, porque el gozo deja de serlo cuando no está convenientemente regulado.

El principal objeto del trabajo es disciplinar la vida de modo que cumpla su gran finalidad, pues de eximir Dios al hombre del trabajo le hubiese quitado un capital elemento de evolución. Nervios, músculos, fibras y células de nuestro cuerpo claman por ejercicio y trabajo. Necesitan trabajar la vista, el oído, las facultades perceptivas y toda potencia mental demanda saludable actuación. Nada tan beneficioso para el hombre como no apartarse de su vocación en el trabajo cotidiano. Lo extraordinario e insólito sobreviene raras veces, y en la vida diaria es donde conviene aplicar los principios religiosos y morales que cada cual profese, porque la valía del hombre se justiprecia y aquilata según el espíritu con que lleva y cumple sus tareas cotidianas.

Inestimable beneficio para el hombre es el trabajo honrado. Salva a unos de la desesperación, libra a otros del suicidio y cual ningún otro estímulo educa y vigoriza las potencias de cuerpo y mente, por lo que no se comprende cómo algunas gentes odian, menosprecian y repugnan un elemento tan provechoso para la humanidad. La señorita Alma Tadema define la felicidad como resultado de la actuación útil de las potencias humanas completamente educidas, pues nadie puede ser feliz mientras conozca que sólo ha actualizado una mínima parte de su potencialidad, y por lo tanto, no es capaz de dar de sí al mundo todo cuanto quisiera.

Cuando el hombre termina un trabajo a su entera satisfacción por lo exquisitamente acabado, se recrea en su obra y acrecienta el respeto de sí mismo. Así dice Horacio Mann:

Gracias a mis arraigadísimos hábitos de laboriosidad, fue siempre el trabajo para mí lo que para el pez el agua.

No cabe mayor felicidad que la dimanante del vigoroso ejercicio de nuestras facultades en la modalidad de trabajo adecuada a nuestra inclinación.

Muy poco vale la vida sin ideal, y cuando el hombre pierde la aspiración de su vida no vive realmente, sino que tan sólo existe. En cambio, no hay hombre alguno que se fastidie y aburra cuando trabaja de conformidad con su aptitud; pues ¿cabe mayor satisfacción que la conciencia de dominar la labor emprendida y de cumplirla con acabada habilidad?

La misma naturaleza de las cosas señala que el hombre ha de hallar en el trabajo cotidiano su más viva satisfacción, su más intenso gozo y su mayor felicidad. Podrá haber atractivos que eventualmente nos satisfagan, como los viajes y excursiones, la contemplación de obras artísticas, la lectura de libros amenos, los espectáculos escénicos, el trato de los amigos, las audiciones musicales; pero sólo el amor al trabajo ordenado nos proporcionará cotidiano regocijo.

La vocación de un hombre será su gozo si pone en ella su alma y su complacencia. La consciente manifestación de nuestro carácter, el ejercicio de nuestras potencias y facultades nos darán constante satisfacción. Si nos mantenemos en perfecta normalidad emprenderemos cotidianamente nuestra labor con aquel intenso placer y anticipado gozo con que los novios ven acercarse el día de la boda.

Honda revolución experimentarían las costumbres comerciales si los dependientes de un gran establecimiento comenzaran el trabajo cada mañana con el solícito entusiasmo del artista que impaciente espera el momento de reanudar su obra, con el ahínco del literato que ansía terminar las páginas del libro, vertiendo en ellas las ideas concebidas durante el sueño de la pasada noche.

Todos debiéramos dirigirnos al trabajo diario con el gozoso afán de ver abierto el almacén, la fábrica o el despacho. Entonces nos avecinaríamos a las costumbres comerciales del porvenir.

En vez de imbuir a los niños la idea de que el trabajo es una pena infligida por la dura necesidad de ganarse el pan de cada día, convendría enseñarles que la parte material y lucrativa no es la principal, sino tan sólo un mero incidente en el ejercicio de una profesión, cuyo más alto fin es el gozo que dimana de ejercerla conscientemente.

Hemos de enseñar a los niños que si obedecen a su vocación les allegará tan supremos goces como si hallasen el cielo en la tierra al hallar su verdadero lugar en la vida, porque cuando el trabajo corresponde a nuestros gustos y aficiones no hay en él aburrimiento, ni pena, ni fatiga, sino el perpetuo placer de un glorioso privilegio.

Entonces irían los jóvenes a su diaria ocupación tan alegremente como van a su deporte predilecto.

XXV

EL AGUA DE VIDA
CONVERTIDA EN VINO

No importa que el día sea tenebroso, porque podéis iluminarlo; y si es brillante, acrecentaréis su fulgor con una palabra cariñosa, una muestra de gratitud y un efusivo apretón de manos a vuestros amigos. Si tenéis enemigos, perdonad y olvidad. Si cada cual pensara en lo mucho que por su parte puede contribuir a la dicha humana, no habría tanta miseria en el mundo.

Cierta señora anciana de pacífico y sereno rostro, que parece enteramente superior a las tribulaciones propias de la generalidad de las gentes, encontró a una acongojada amiga, quien quiso inquirir en ella el secreto de su felicidad.

La señora respondió:

-Querida amiga, tengo el Libro del Placer.

-¿Y qué libro es ese?

-Pues, el Libro del Placer. Hace años aprendí que no hay día tan

triste y sombrío, por mucho que lo sea, sin que aporte por lo menos un rayito de luz, e hice ocupación de mi vida transcribir en sus páginas las menudencias que tanta importancia tienen para una mujer. Desde que salí del colegio llevo un diario para cada año, donde anoto cosas al parecer tan insignificantes como el estreno de un traje, la conversación con un amigo, las inquietudes de mi esposo, una flor arrancada, un libro comprado, una carta recibida, un paseo por el campo, la audición de un concierto o una excursión en carruaje. Todo esto lo anoto en mi Libro de Placer, y cuando me asalta la turbación, me basta leer unas cuantas páginas para verme feliz. Le enseñaré a usted mi tesoro, si gusta.

La afligida y descontenta amiga hojeó el libro que la señora le trajo, y leyó una de las anotaciones, que decía así:

"Recibí una afectuosa carta de mamá. Vi un hermoso lirio en una ventana. Encontré el alfiler que había perdido. Mi marido me trajo un ramo de flores."

Después la apenada amiga repuso:

-¿De modo que tiene usted un placer para cada día?

-Uno para cada día. Ya ve usted que supe poner mi teoría en práctica.

En otra página del libro leyó la amiga:

"Mi marido murió con sus manos entre las mías y mi nombre en sus labios."

¿No fuera bueno que todos siguiéramos el ejemplo de la anciana señora y tuviésemos un Libro del Placer?

¡Benditos los que difunden el gozo en torno suyo! Afortunadamente, hay quienes consideran la vida cual precioso don y parece como si hubieran nacido en la mejor época y en el mejor lugar del mundo.

El hombre afable lleva continuamente en sí en su presencia y persona, una influencia que actúa sobre los demás como el calor estival en campos y bosques, pues despierta los más delicados sentimientos de las gentes con quienes trata y les da fortaleza, valor y felicidad. Un hombre así convierte el más árido paraje de este mundo en luminoso, refulgente y cálido lugar donde los demás puedan vivir. Quien le encuentra por la mañana recibe alivio en las luchas y tribulaciones de aquel día y su apretón de manos infunde nuevo vigor en las venas.

Después de conversar con él unos minutos, sentís como si se explayara el ánimo y se acrecentaran las energías y el estímulo de vivir, de suerte que estáis dispuestos para el cumplimiento de un deber o la prestación de un servicio.

Mayor utilidad obtiene de la vida quien sabe descubrir los latentes tesoros ocultos a casi todas las miradas y advierte gracia y hermosura donde los demás sólo ven fealdad y vileza. Hay amables y estimuladores caracteres que poseen la maravillosa facultad de convertir en delicioso vino la vulgar agua de vida. Su presencia es como un tónico que nos vigoriza y ayuda a sobrellevar nuestra carga. Cuando llegan a su casa parece como si apuntara el sol tras prolongadísima noche ártica. Desatan la lengua y hablan con el don de profecía.

Le preguntaron a una señora cómo se las componía para estar bien con gentes bruscas, y respondió:

-Es muy sencillo. Me fijo tan sólo en sus cualidades y paso por alto sus defectos.

Así son de mejor trato y más buenos amigos las personas que procuran desarraigar nuestros vicios mediante el estímulo y elogio de nuestras virtudes, de modo que nos convirtamos a elevados ideales.

Pocas gentes tienen la suficiente alteza de ánimo para sobreponerse a sus penas y desengaños. La mayoría están hablando continuamente de ello como si no hubiese cosa de mayor importancia, con lo que forman una tenebrosa atmósfera en su derredor, sin advertir que no podrán ser verdaderamente fuertes mientras no pospongan los menudos contratiempos de la vida a la grandeza de un nobilísimo ideal.

Para las gentes bien nacidas hay una ley no escrita que las compele a guardar para sí mismas sus tribulaciones. La paciencia suaviza el carácter y alivia las pesadumbres que, cuando no se soportan con heroísmo, aparecen repulsivas en el rostro.

Si guardáis las penas en lo íntimo de vuestro corazón, cuantos lo conozcan admirarán vuestra paciencia y discreción. Para las tribulaciones no hay remedio más eficaz que la fortaleza de ánimo.

En una de las batallas que se dieron durante la guerra de Crimea cayó una bala de cañón en medio de un hermoso jardín; pero lejos de causar estrago, brotó del golpe un manantial que no ha cesado de fluir. Asimismo puede suceder que nuestras escondidas penas sirvan de consuelo y bendición a quienes necesiten de nuestro auxilio, porque no se nos ha dado la vida para lamentarnos, sino para emplearla en desinteresados servicios.

Cuenta Goethe que la cabaña de un pastor quedó en cierta ocasión iluminada por una lamparilla de plata, cuya mágica luz convirtió en plata las puertas, suelo, techo y muebles de la choza. De la propia suerte una sola alma luminosa tiene poder bastante para embellecer un mísero hogar.

Dice sobre el particular el doctor Savage:

A veces nos enfadamos y maldecimos de aquel día porque las salpicaduras de un coche nos deslucen el brillo de las botas, cuando debiéramos pensar en las maravillosas energías que a través del universo actúan en nuestro diminuto planeta, y unas veces lo envuelven en la luz del sol, otras cubren el cielo de nubes, ya evaporan las aguas de estanques, lagos y ríos, ya las devuelven en lluvia, granizo o nieve, equilibrando de este modo las fuerzas naturales en el maravilloso ciclo del mundo. Bellezas tiene el cielo gris; maravillas hay en cada gota de lluvia; infinitos portentos encierra un copo de nieve. ¿Habríamos de olvidar todo esto y conturbarnos tan sólo porque no sucede a medida de nuestro gusto, que egoístamente quisiera gobernar el tiempo?

Sé de una paralítica que durante muchos años estuvo sin moverse de su cuarto, sentada en una butaca, desde donde sólo veía las copas de los árboles; y a pesar de todo, se mantenía tan cariñosa y placentera, que se marchaban consolados cuantos a verla iban afligidos. Por su situación dirían que esta mujer es digna de lástima e inútil para el mundo; pero, en realidad, es de mayor valía que algunas potentadas, porque posee la mejor riqueza: la del alma luminosa y placentera que sobrepuja a todo contratiempo y aflicción.

La felicidad no es un accidente, ni reside en las cosas ni depende, como la mayoría se figuran, de tener o no dinero. Desde luego que en igualdad de circunstancias el dinero proporciona ciertas ventajas, aunque no muchas, pues no difieren gran cosa las comodidades de una morada suntuosa, de las del modesto, pero limpio y aseado hogar, en donde el amor reside.

Efectivamente, el amor es a menudo forastero en los palacios y ni el bienestar ni la dicha pueden tener su asiento en el hogar falto de amor y dulce confianza. Cordialidad, sencillez, amor, honradez, caridad, desinterés, simpatía y sinceridad son las cosas más apetecibles de la vida, que todos nos debemos esforzar en poseer, o cuando menos, frecuentar el trato de quienes las posean.

Guillermo Rugh, muchacho lisiado, vendedor de periódicos, de Gary (Indiana), ofreció su pierna para que le arrancaran la piel necesaria al injerto de una niña enferma, a quien ni siquiera conocía. La niña curó, pero los pulmones del pobrecito Rugh no pudieron resistir el anestésico y murió de sus resultas. En la agonía fue su nodriza a postrarse junto al lucho de muerte, hundiendo el rostro en la almohada. El moribundo le tomó la mano, le acarició los cabellos, y le dijo: "No llores. Hasta ahora no serví para nada, y ya ves cómo hice algo en beneficio de alguien." Al expirar, exclamó: "Decidle a ella que muero contento." De sus rígidos dedos cayó sobre la colcha de la cama una rosa que poco antes le diera la niña salvada.

Admirable fuera este nuestro mundo si todos nos esforzáramos vigorosamente en adquirir las cualidades de verdadero mérito que forman un gozoso y servicial carácter. No necesitaríamos entonces tribunales ni penitenciarías. La Regla de Oro sería por doquiera la ley de la vida.

Junto al deber de la abnegación está el del gozo. Lo que la madurez para el fruto, el canto para la alondra y el estudio para el entendimiento, es la felicidad para el alma. Así como la ignorancia y la bajeza delatan una mente ineducada, así también el infortunio y la miseria pregonan un descuidado corazón. El carácter armónico mantendrá tensas y vibrantes las cuerdas de que brota el gozo.

Dice a este punto Southey:

Un goloso se ponía anteojos de aumento cada vez que iba a comer cerezas, pues de este modo se le figuraban más gordas y apetitosas. De igual manera me procuro todos mis goces; y cuando no pueda apartar la vista de mis pesares, los guardo en un envoltorio muy chiquito para mí solo, sin molestar a nadie.

En cuanto a la felicidad material somos más ricos de lo que creemos, pues en nosotros hay mil ocultos y todavía no alumbrados manantiales de gozo. Pensemos en el fruto que de las cosas que a nosotros nos parecen vulgares y despreciables obtendría un sordo y ciego de nacimiento, si de pronto cobrase vista y oído. Le encantarían las malezas de las márgenes camineras, que tanto nos disgustan, y se recrearía en el estrepitoso rumor de las calles, que tanto nos molesta.

XXVI

LONGEVIDAD Y DICHA

Decía Jorge Meredith al cumplir los setenta y cuatro años: "Ni de corazón ni de mente me siento viejo, y aún miro la vida con ojos juveniles."

No podemos contar la edad de los hombres por el calendario, sino por el espíritu, el temperamento y la disposición mental, pues jóvenes hay sesentones y viejos que aun están en los treinta. La vejez prende en una desgastada juventud como fuego en casa carcomida.

Nadie llega a viejo hasta que lo es de ánimo y pierde todo interés por la vida y su corazón no es capaz de responder a las emociones.

Envidiable suerte es mantener hasta el último extremo la mente vigorosa y la delicadeza de sentimientos, para hallar en lo más profundo de nuestra alma la fe de los años juveniles en el momento de morir confortados por la esperanza en la inmortalidad.

La juventud no acierta a comprender que la tarde tiene más ricos y deliciosos matices que la mañana. El ocaso es tan bello y a menudo más glorioso que la aurora. La ancianidad debe ser precisamente tan hermosa como la niñez, porque de los comienzos de la vida dimana su fin.

También tiene la vejez sus goces, cuando llega al cabo de una vida bien aprovechada, que deja tras sí agradables recuerdos y honrosas satisfacciones. Al entrar en el puerto de la ancianidad, después de dura travesía por tormentoso mar, experimentamos una sensación de descanso y seguridad.

Dícese que quienes mucho viven mucho esperan y si mantenemos firme la esperanza a prueba de desengaños y arrostramos con placentero semblante todo linaje de contratiempos, no será fácil que la edad nos surque de arrugas la frente. El júbilo es hermano de la longevidad.

El tiempo respeta los caracteres plácidos y serenos. Todo anciano ha de estar tranquilo y equilibrado, porque deben haber cesado ya en él las agitaciones y disturbios de la juventud. La dulce dignidad, el sosegado reposo, la expresión tranquila son las características de los viejos que no dejan tras sí remordimientos de conciencia. A pesar de los años, joven es quien mantiene vivo el entusiasmo e inunda su mente de optimismo, sin que le abandonen la esperanza ni la fe en su terminal destino.

En nosotros mismos está el elixir de juventud que durante tanto tiempo buscaron los alquimistas en retortas y matraces. Nuestra mente encubre el secreto. El perpetuo rejuvenecimiento sólo es posible por la rectitud en el pensar, y así nuestra verdadera edad depende de cómo pensamos y sentimos, pues los pensamientos y las emociones influyen decisivamente en el aspecto de nuestra personalidad.

El equilibrio mental equivale a mental armonía y la armonía conserva y prolonga la vida. Todo cuanto altera la paz de nuestra mente o desbarata su equilibrio, produce rozamientos que rápidamente desgastan el delicado mecanismo de la vida.

Pocos saben cómo precaverse de las corrosivas influencias que les rodean, y nada más eficaz para ello que conservar en la mente las optimistas y esperanzadas imágenes de la juventud, con todas sus glorias y magnificencias.

Como dice Stevenson, el siempre vivo espíritu de juventud es manantial perenne de todas las facultades mentales; pero nos equivocamos al contraer a la juventud los mayores goces de la vida diciendo, según suele decirse: "Dejad que los jóvenes se diviertan. Sólo han de ser jóvenes una vez. Ya les llegarán los quebraderos de cabeza. Que sean felices antes de encararse con el infortunio." Sin embargo, la persona de conducta irreprensible experimentará mayor gozo y será mucho más feliz a los setenta años que a los veinte, porque cuando un hombre transpone el término medio de la vida es ya esclavo de sus costumbres y no puede renovar las células de su cerebro ni las facultades de su mente, sino que ha de atenerse al fruto de las que ejercitó en la juventud.

Una de las razones porque la mayor parte de las gentes temen la vejez, es que no se prepararon convenientemente para recibirla tranquilos. Atendieron con preferencia a los intereses materiales y descuidaron los morales en que verdaderamente consiste la contextura de la vida. La pesadumbre de la vejez es la imposibilidad de ejercicio mental, y la mente sin ocupación ha de estar por fuerza angustiosa. Así es que todo nuestro esfuerzo en la juventud y en la virilidad ha de propender a que no envejezca la mente, pues sí, por ejemplo, no hemos cultivado el gusto y la afición a la lectura, difícilmente los contraeremos en la vejez, que por ello será árida y monótona. Quien durante toda su vida haya cuidado del propio perfeccionamiento con la lectura de buenos libros, el estudio de las ciencias, la contemplación de las obras de arte, el trato de gentes y el amor a la verdad y la belleza, no podrá estar ocioso y aburrido en sus últimos años.

Uno de los mayores inconvenientes de la agitada vida de los negocios es que quienes se retiran de ellos sólo se llevan su fortuna material sin haber preparado goce positivo para la vejez, porque en la edad viril no desenvolvieron las cualidades de que dimanan los goces duraderos. Por esto vemos que el hombre retirado de los negocios siente comezón de volver a ellos, como si experimentara la nostalgia de la tienda, del parroquiano y del libro talonario.

Ya no puede reír y conversar como solía con sus condiscípulos y amigos, porque se le han desvanecido la alegría y el entusiasmo. Por mucho que se empeñe en distraerse en teatros, conciertos, museos y deportes, forjará su mente nuevos proyectos de lucro mercantil, sin dejar que arraiguen delicados sentimientos.

Por regla general, los hombres más descontentos son los que se retiraron de los negocios después de labrada su fortuna. Mientras en su mocedad luchaban por abrirse camino y más tarde por agenciarse un capital, veían en lontananza una descansada vejez que les permitiera hacer su gusto, substraídos a la imperiosa necesidad del trabajo. Una vez retirados del negocio, les pareció al principio que hasta entonces no habían salido qué era vivir; pero muy luego empezaron a hacérseles los días largos y fastidiosos y advirtieron que no estaban en condiciones de disfrutar más allá de la rutina interpuesta entre el despacho y el hogar. Se atrofiaron sus facultades, ejercitadas hasta entonces tan sólo en las porfías mercantiles con hombres y cosas, sin que, por falta de ejercicio, hallaran la correspondiente satisfacción en las modalidades concernientes a la vida espiritual. Muchos negociantes se han visto obligados, por necesidades de familia, a trabajar desde muy niños, con descuido de su educación, y por ello se orientaron muy lejos de las cosas que en su vejez quisieran disfrutar.

Frecuentemente oímos hablar de hombres que, labrada su fortuna, se retiraron de los negocios con robusta salud y en pleno vigor mental, y sin embargo, muy luego fueron decayendo en la inactividad hasta morir. ¿De qué le sirven libros, cuadros y estatuas al hombre de inadecuada inteligencia?

Un escritor de perspicaz observación dice a este punto:

Muchos hay que se afanaron en ganar dinero trabajando como esclavos, con esperanza de ser felices algún día, y al llegar a los cincuenta o sesenta años habían malogrado sus más valiosas cualidades. En los primeros años de su vida fueron ahorrativos y frugales hasta la tacañería, y al llegar el tiempo en que esperaban descansado goce, ven que ya no es posible para ellos.

¡Afortunado es el hombre que en la juventud no descuida su educación mental y se predispone al

214

provechoso disfrute de su retiro! Será feliz en la vejez porque hay infinidad de medios para proporcionar tranquilos goces a una mente bien educada.

Si cultivó la afición de los libros, hallará en la lectura deleitoso pasatiempo, imposible para el que durante medio siglo estuvo ciegamente sumido en los negocios sin leer siquiera un libro.

Pensemos en el intenso gozo que experimentará el hombre de bien educadas facultades estéticas, al contemplar, como hizo Ruskin, las indefinibles bellezas de la naturaleza y del arte; porque no hay placer comparable al que proviene de la amplitud de conocimientos cuya luz disipa las sombras de la ignorancia, ni hay satisfacción que aventaje a la de ayudar a otros a que a sí mismos se ayuden; y el hombre que en su atareada vida dedicó algún tiempo a tan generoso ejercicio, hallará al fin de sus años la cumplida satisfacción que en vano demandaría a sus riquezas materiales.

A los que se retiran de los negocios sin haber ejercitado equilibradamente sus facultades en otros ramos de la actividad humana les sucede como al caballo acostumbrado desde muchos años al tiro, que cuando lo sacan de entre lanzas no aprovecha para ningún otro servicio.

Si conociéramos el secreto de lo que los indios llaman "orientación de la mente", sin dificultad lograríamos mantener hasta muy provecta edad el vigor del cuerpo y la placidez del ánimo, con sólo rechazar todo siniestro pensamiento y recibir gozosos los de contraria índole, cuya influencia renovaría las células de nuestro cuerpo. La sociedad humana mejoraría lo indecible si nos acostumbráramos a no pensar en lo que pueda destruir nuestro equilibrio mental y a mantenernos en constante disposición de amor, caridad, benevolencia y magnanimidad hacia todos los seres.

Hay algo de siniestro en nosotros cuando nos levantamos de mal humor y tratamos ásperamente a los que se nos acercan. Sí, algo de siniestro hay cuando no despertamos con ardoroso anhelo de tonificarnos en el trabajo cotidiano. Porque, no las preocupaciones del día, sino más bien las del mañana encanecen nuestra cabeza y arrugan nuestro rostro. La disposición de ánimo influye muy poderosamente en la longevidad. Muy luego envejece el propenso al enojo, la ira y el tedio, mientras que la apacibilidad de temperamento es el más poderoso elixir de larga vida.

Desde luego que no hemos de pretender vivir como ángeles y morir como santos; pero no es difícil llevar una vida acorde con las sabias ordenaciones de la naturaleza, sin excesos de los que convierten la noche en día, ni abusos estragadores del organismo corporal. Por lo que toca a la salud del alma, hemos de rehuir la tenebrosa compañía de la ambición, el orgullo, la pereza, la melancolía y el tedio, para buscar el luminoso compañerismo de la generosidad, el desinterés, la amistad y el amor.

Dice Lyman Abbott que el placer es propio de la juventud, el gozo de la virilidad y la dicha de la vejez. Por lo tanto, la última época de la vida es la mejor, como vestíbulo del hermosísimo palacio en donde ni el tiempo ni la muerte son poderosos a marchitar la felicidad.

Sin embargo, nadie necesita esperar la vejez para ser dichoso, porque quien en sus primeros años acierta a descubrir el secreto de la dicha puede desafiar a todos sus enemigos, diciendo con San Pablo:

También nos glorificamos en nuestras tribulaciones, porque son motivos de paciencia, de que nace la esperanza, cuando el amor de Dios está sembrado en nuestros corazones por el Espíritu Santo que hemos recibido.

El ánimo placentero, esperanzado y amoroso se sobrepone a la pesadumbre de los años. El corazón puro, el cuerpo sano y la mente generosa alumbran en nuestro interior la fuente de perpetua juventud e inundan nuestra alma de la alegría del vivir.

Made in United States
North Haven, CT
11 October 2021